Gestão do processo de aprendizagem pelo professor

SÉRIE CADERNOS DE GESTÃO
Heloísa Lück

- *Gestão educacional: uma questão paradigmática* – Vol. I
- *Concepções e processos democráticos de gestão educacional* – Vol. II
- *A gestão participativa na escola* – Vol. III
- *Liderança em gestão escolar* – Vol. IV
- *Gestão da cultura e do clima organizacional da escola* – Vol. V
- *Perspectivas da avaliação institucional da escola* – Vol. VI
- *Avaliação e monitoramento do trabalho educacional* – Vol. VII
- *Gestão do processo de aprendizagem pelo professor* – Vol. VIII

Dados Internacionais de Catalogação na Publicação (CIP)
(Câmara Brasileira do Livro, SP, Brasil)

Lück, Heloísa

    Gestão do processo de aprendizagem pelo professor / Heloísa Lück. – Petrópolis, RJ : Vozes, 2014. – (Série Cadernos de Gestão)

    Bibliografia

    1ª reimpressão, 2025

    ISBN 978-85-326-4753-5

    1. Educação 2. Gestão educacional 3. Pedagogia 4. Prática de ensino 5. Professores – Formação 6. Sala de aula – Direção I. Título. II. Série.

14-01279   CDD-370.71

Índices para catálogo sistemático:
1. Formação de professores : Educação   370.71

Heloísa Lück

Gestão do processo de aprendizagem pelo professor

Vol. VIII

Petrópolis

© 2014, Editora Vozes Ltda.
Rua Frei Luís, 100
25689-900 Petrópolis, RJ
Internet: http://www.vozes.com.br
Brasil

Todos os direitos reservados. Nenhuma parte desta obra poderá ser reproduzida ou transmitida por qualquer forma e/ou quaisquer meios (eletrônico ou mecânico, incluindo fotocópia e gravação) ou arquivada em qualquer sistema ou banco de dados sem permissão escrita da editora.

CONSELHO EDITORIAL

Diretor
Volney J. Berkenbrock

Editores
Aline dos Santos Carneiro
Edrian Josué Pasini
Marilac Loraine Oleniki
Welder Lancieri Marchini

Conselheiros
Elói Dionísio Piva
Francisco Morás
Teobaldo Heidemann
Thiago Alexandre Hayakawa

Secretário executivo
Leonardo A.R.T. dos Santos

PRODUÇÃO EDITORIAL

Anna Catharina Miranda
Eric Parrot
Jailson Scota
Marcelo Telles
Mirela de Oliveira
Natália França
Priscilla A.F. Alves
Rafael de Oliveira
Samuel Rezende
Verônica M. Guedes

Editoração: Camila Vogel Satyro de Sá
Projeto gráfico: Sheilandre Desenv. Gráfico
Capa: WM design

ISBN 978-85-326-4753-5

Este livro foi composto e impresso pela Editora Vozes Ltda.

*Não é preciso esperar saber tudo para agir.
Ninguém nunca sabe tudo e é a própria
ação que permite progredir no saber.*

Lebret

Dedicatória

A série Cadernos de Gestão é dedicada a um conjunto bastante grande de pessoas com as quais tenho tido a oportunidade e o privilégio de me relacionar e conviver, e que, por sua dedicação ao trabalho em prol da educação, e a vontade de continuar aprendendo para aprimorar sua atuação profissional, têm me estimulado a continuar escrevendo e divulgando ideias relacionadas ao trabalho educacional, em especial sobre sua gestão:

- A gestores de estabelecimentos de ensino brasileiros que acreditam na importância da escola para a formação de nossas crianças, jovens e adultos, bem como na importância de seu papel para promover essa formação com qualidade. A partir dessa crença, vêm exercendo uma competente liderança, voltada para a formação de comunidades escolares coesas, e comprometidas com a promoção de educação de qualidade. Da mesma forma, a partir dessa atuação, ao mesmo tempo, tanto pelo que ensinam como pelo que demonstram, seus alunos aprendem a se tornarem cidadãos capazes e atuantes, e a viver vidas mais satisfatórias e realizadas. Fazem-no, mediante o esforço pelo desenvolvimento de diversos fatores, como por exemplo: a) uma cultura organizacional escolar caracterizada pela participação e envolvimento de todos, de forma colaborativa, na superação das naturais dificuldades do processo educacional e seus desafios; b) competência pedagógica orientada para a gestão de processos sociais de aprendizagem significativa; c) unidade e direcionamento proativo no enfrentamento dos desafios educacionais; d) mobilização e coordenação de competências e energias com foco na criação de ambientes escolares salutares do ponto de vista humano, social e educacional.

• Aos coordenadores nas Secretarias Estaduais de Educação, do Prêmio de Gestão Escolar, um projeto do Consed, em parceria com a Undime, Unesco e Fundação Roberto Marinho, que assumem esse encargo extra em seu trabalho de gestão, para disseminar pelas escolas a prática de autoavaliação como condição de melhoria de seu desempenho. Por sua atuação comprometida, têm contribuído para criar a necessária cultura da autoavaliação em nossas escolas, condição fundamental para o estabelecimento de ações focadas na melhoria contínua dos processos educacionais pelos quais são responsáveis.

• Aos gestores escolares que lideram em suas escolas a realização de um movimento de autoavaliação de seus processos de gestão escolar e se inscrevem no Prêmio de Gestão Escolar, contribuindo desse modo para o reforço e a melhoria dessas práticas e para a disseminação de boas práticas e referências positivas. Sobretudo, empenhando-se, pela autoavaliação, com foco na construção de ambientes e experiências escolares mais efetivas para a estimulação, orientação e promoção da aprendizagem e formação de todos os seus alunos.

• A todos aqueles profissionais que voluntariamente atuam como avaliadores dos comitês locais, regionais, estaduais e nacional de avaliação dos dossiês apresentados pelas escolas. Sua contribuição na realização da avaliação desses dossiês para a escolha das melhores experiências de gestão é certamente um esforço de grande relevância na disseminação de cultura de autoavaliação pelas escolas e de boas práticas de gestão escolar.

Em especial, é dedicado aos inúmeros profissionais da educação que têm lido meus artigos esparsos e manifestado, quando nos encontramos nos mais diversos eventos, seminários e cursos de educação, sua satisfação em tê-los lido e deles terem tirado alguma inspiração para orientar novos esforços pela melhoria da educação em sua atuação. Suas manifestações revelam seu entusiasmo por estudar, refletir sobre o seu trabalho e buscar construir estratégias e formas para a sua melhor atuação, atitudes que têm me estimulado a fazer o mesmo. Por seu olhar crítico e qualificado é que dão sentido e vida aos conteúdos apresentados em meu trabalho. Essa sua atitude compartilhada comigo é, por certo, uma grande alegria para mim e motivação crescente para continuar me dedicando a este esforço de estudar, observar, refletir, registrar e sistematizar ideias que reúno de quando em vez em um artigo ou livro.

Este volume da série é, em especial, dedicado aos professores que assumem suas responsabilidades com o espírito de melhorar continuamente o seu desempenho, tendo por objetivo a formação de seus alunos. Esses professores buscam atuar de maneira integrada com seus colegas, criar na escola e em suas salas de aula ambiente e experiências em que os alunos são considerados como seres sociais em desenvolvimento, com necessidades educacionais a serem atendidas, a partir de experiências estimulantes de caráter participativo e dinâmico.

Sumário

Apresentação dos Cadernos de Gestão, 15

Apresentação deste volume, 21

I. A promoção da aprendizagem na sala de aula como processo de gestão, 35

   1 A natureza da aprendizagem no contexto da escola e da sala de aula: as bases da gestão de seu processo, 37

   2 A interação de pessoas pressupõe gestão, 41

   3 A complexidade demanda processo de gestão, 45

   4 Gestão pressupõe mobilização de pessoas para a realização de objetivos, 46

   5 A ocorrência de conflitos, tensões e desvios de foco demanda gestão, 48

   6 Gestão pressupõe planejamento e organização, 50

II. A atuação do professor na determinação do que e como o aluno aprende, 53

   1 A análise da relação do trabalho docente-discente pelo professor, 55

2 A integração entre a atenção a métodos e procedimentos e a promoção de atenção aos alunos, 59

3 A perspectiva do professor sobre seu papel em relação ao aluno, 60

4 Atitudes e habilidades do professor, 64

III. Disciplina como foco e circunstância da aprendizagem, 67

1 O significado de disciplina, 73

2 A construção do ambiente de disciplina, 76

3 O processo contínuo de desenvolvimento da disciplina, 83

4 Na prática do professor estão as bases da mudança que pretendem, 86

5 Alunos respeitam professores seguros, autoconfiantes e competentes em seu trabalho, 88

6 Não se controla os alunos, e sim a situação em que estão envolvidos, 90

7 Disciplina não se constitui em um episódio ou evento, e sim em uma dinâmica e movimento, 93

8 Disciplina é resultado de relações interpessoais que ocorrem na escola e na sala de aula, 96

9 Motivação e disciplina são aspectos correlacionados, 100

IV. O atendimento a necessidades educacionais dos alunos na sala de aula, 103

    1 A atenção ao aluno como pessoa, 103

    2 Necessidades educacionais dos alunos, 111

    3 O significado de necessidades educacionais, 115

    4 A natureza das necessidades educacionais, 117

    5 As necessidades educacionais básicas de todos os alunos, 120

    6 Necessidade fisiológica e de segurança, 123

    7 Necessidade de pertencer, 128

    8 Necessidade de ser estimado e valorizado, 134

    9 Necessidade de ser bem-sucedido, 138

    10 Necessidade de ordem e bem-estar, 143

    11 Necessidade de tomar decisões, 149

    12 Necessidade de resolver problemas, 153

    13 Necessidade de autorrealização, 158

Palavras finais, 163

Figuras

    1 Âmbitos de gestão pedagógica, 27

    2 Significado de necessidades educacionais, 116

Quadros

1 Questões para nortear o diagnóstico e a orientação do atendimento à necessidade educacional fisiológica e de segurança, 127

2 Questões para nortear o diagnóstico e a orientação do atendimento à necessidade educacional de pertencer, 133

3 Questões para nortear o diagnóstico e a orientação do atendimento à necessidade educacional de ser aceito e estimado, 138

4 Questões para nortear o diagnóstico e a orientação do atendimento à necessidade educacional de ser bem-sucedido, 142

5 Questões para nortear o diagnóstico e a orientação do atendimento à necessidade educacional de ordem e bem-estar, 148

6 Questões para nortear o diagnóstico e a orientação do atendimento à necessidade educacional de tomar decisões, 153

7 Questões para nortear o diagnóstico e a orientação do atendimento à necessidade educacional de resolver problemas, 157

8 Questões para nortear o diagnóstico e a orientação do atendimento à necessidade educacional de autorrealização, 160

Referências, 169

Apresentação dos Cadernos de Gestão

O que são gestão educacional e gestão escolar? Qual a relação entre gestão e administração? Qual a natureza do processo de gestão? Quais seus desdobramentos, dimensões e estratégias na escola? Quais as peculiaridades da gestão democrática participativa? Quais as suas demandas sobre o trabalho dos gestores escolares? Quem são esses gestores? Que desafios são enfrentados pelos gestores em educação? Que ações de liderança são necessárias no trabalho de gestão? Quais as dimensões da gestão educacional? Como planejar, organizar e ativar estrategicamente o trabalho da escola? Como avaliar o trabalho da gestão escolar e a atuação da escola? Que aspectos interferem na gestão escolar e como podem ser trabalhados?

Estas são algumas questões que os Cadernos de Gestão abordam, com o objetivo de contribuir para que diretores, supervisores, coordenadores e orientadores educacionais reflitam sobre as bases da gestão, para o norteamento do seu trabalho, de forma conjunta e integrada. Também para que profissionais responsáveis pela gestão de sistemas de ensino compreendam processos da escola e do efeito do seu próprio trabalho sobre a dinâmica dos estabelecimentos de ensino e seus resultados. Da mesma forma, constituem uma contribuição para que professores se familiarizem com concepções e processos de gestão, como condição para que, como membros da escola, participem de forma efetiva do processo de planejamento e implementação integrada e participativa do projeto pedagógico e de sua gestão.

Os Cadernos de Gestão integram em vários volumes questões específicas de gestão, procurando contribuir para: a) a iniciação, nessas questões, de alunos de cursos de Formação para o Magistério e de Pedagogia; b) a integração entre reflexão e ação por profissionais que atuam em âmbito de gestão educacional e escolar; c) o estudo crítico por alunos de cursos de pós-graduação com foco em gestão educacional e gestão escolar, a respeito dos vários fundamentos e desdobramentos dessas áreas de atuação; d) a identificação entre pesquisadores, de elementos e aspectos de gestão que estimulem a reflexão e sirvam como objeto na formulação de questões de investigação na área.

Os Cadernos de Gestão servem, portanto, ao interesse de profissionais que atuam em gestão escolar (diretores, vice-diretores, diretores auxiliares ou adjuntos, supervisores pedagógicos, coordenadores e orientadores educacionais), assim como aqueles que são responsáveis, no âmbito macro, pela gestão de sistemas de ensino, e orientação desse trabalho, a partir de Núcleos, Diretorias Regionais, Superintendências, Departamentos, Divisões de Gestão Educacional ou órgãos de responsabilidade semelhante. Os acadêmicos de cursos de Pedagogia e de Pós-graduação, que tratam sobre a gestão escolar e gestão educacional encontrarão nele referências que buscam integrar questões práticas e teóricas, de modo a oferecer-lhes bases para a reflexão sobre fundamentos, princípios, práticas e conceitos dessa área, apresentados com o objetivo de iluminar e dar consistência às ações educacionais.

Este trabalho é resultado da sistematização e integração de material produzido pela autora, a partir de sua experiência como profissional de vários níveis do ensino, seja como consultora de sistemas de ensino, como docente em cursos de capacitação de gestores educacionais, seja também como gestora de sistema de ensino e de instituições educacionais. Seu objetivo é o de contribuir para a reflexão sobre as questões propostas. Espera-se, em última instância, a partir dessa reflexão, que possa contribuir para o estabelecimento de ações de gestão mais consistentes e orientadas para a efetivação de resultados educacionais mais positivos, tendo como foco a aprendizagem dos alunos e sua formação.

Ressalta-se que a gestão educacional, realizada em caráter amplo e abrangente do sistema de ensino, e a gestão escolar, referente ao estabelecimento de ensino, constituem-se em áreas estruturantes da ação educacional, na determinação da dinâmica e da qualidade do ensino. Isso porque é pela gestão que se estabelece unidade, direcionamento, ímpeto, consistência e coerência à ação educacional, a partir do paradigma, ideário e estratégias adotados para tanto. Porém, é importante ter em mente que a gestão é uma área meio, e não um fim em si mesmo. Em vista disso, é sempre relevante destacar que o necessário reforço que se dá à gestão visa, em última instância, a melhoria das ações e processos educacionais, voltados para a melhoria da aprendizagem dos alunos e sua formação, sem o que aquela gestão se desqualifica e perde a razão de ser. Em suma, aperfeiçoa-se e qualifica-se a gestão para maximizar as oportunidades de formação e aprendizagem dos alunos. A boa gestão é, pois, identificada, em última instância, por esses resultados e não apenas pela satisfação que possam produzir, destituída de resultados transformadores.

Com essas questões em mente, a proposta dos Cadernos de Gestão é a de cobrir aspectos fundamentais e básicos da gestão em educação com o objetivo de contribuir para que se possam vislumbrar os seus processos em sua abrangência e também em sua especificidade, e, dessa forma, estimular e nortear a reflexão sobre a gestão educacional como ação objetiva e concreta, abrangente e interativa, orientada para resultados educacionais.

Foram publicados nesta Série Cadernos de Gestão: *Gestão educacional: uma questão paradigmática* (Vol. I), *Concepções e processos democráticos de gestão educacional* (Vol. II) e *A gestão participativa na escola* (Vol. III). *Liderança em gestão escolar* (Vol. IV). *Gestão da cultura e do clima organizacional da escola* (Vol. V). *Perspectivas da avaliação institucional da escola* (Vol. VI). A lista de assuntos está vinculada aos desdobramentos das múltiplas dimensões da gestão educacional, de acordo com os interesses gerados para o seu aprofundamento.

Heloísa Lück
Cedhap (Centro de Desenvolvimento Humano Aplicado)
cedhap@cedhap.com.br

Apresentação deste volume

Como é promovida a aprendizagem dos alunos na sala de aula? Que aprendizagens são orientadas e reforçadas? Como o professor estimula e orienta a aprendizagem dos seus alunos? Como é o processo de interação dos alunos entre si e com o professor? Como são os processos sociais da sala de aula? Como o professor coordena e orienta as interações e o processo de comunicação dos alunos? Como é organizado e utilizado o tempo da aula? Como o professor orienta e promove a dinamização das atividades de aprendizagem individuais e em grupo dos alunos? Como o professor orienta e promove a dinamização e o emprego de processos mentais para a resolução de problemas? Como o professor observa e orienta desvios de atenção dos alunos ao foco da aprendizagem? Como o professor realiza o acompanhamento e o *feedback* da aprendizagem dos alunos? Em que medida essas práticas têm contribuído para a formação e a melhoria da aprendizagem dos alunos? Que processos educacionais são importantes para a promoção da aprendizagem? Que desafios o professor enfrenta na sua promoção? Enfim, o que acontece na sala de aula e que ações são promovidas nesse espaço pelo professor, para garantir bons resultados na aprendizagem e formação dos alunos?

Estas são algumas das questões que demandam a observação e reflexão pelo professor interessado em melhorar seu desempenho docente, de modo a promover com maior efetividade a aprendizagem de seus alunos e orientar sua formação, em atendimento aos objetivos educacionais no contexto de uma sociedade que demanda cada vez mais competências. Também o são para gestores educacionais e escolares, responsáveis pela orientação do processo ensino-aprendizagem e garantia da sua qualidade. Todas essas questões dizem respeito a aspectos da gestão pedagógica, que consiste no processo de mobilização e articulação de pessoas e de recursos de diversas ordens para a promoção de resultados devidamente compreendidos, envolvendo metodologias ativas e participativas voltadas para a promoção da formação e aprendizagem dos alunos (LÜCK, 2012).

Depreende-se que, por sua natureza e seus objetivos, o processo ensino-aprendizagem abrange uma diversidade de elementos, das mais variadas ordens que, por sua orientação para o desenvolvimento, envolve a superação de condições limitadas, por outras em patamares superiores e mais avançados de efetividade e realização, com foco na preconizada formação e aprendizagem dos alunos, de acordo com as demandas e desafios de tornar-se pessoa e cidadão no século XXI, em uma sociedade globalizada, tecnológica e centrada na construção do conhecimento, condições que demandam formação da pessoa de modo integral e integrado.

Portanto, o processo ensino-aprendizagem consiste, eminentemente, em um processo de gestão, que na sala de aula é exercido diretamente pelo professor. De modo a garantir que haja unidade na qualidade de seu trabalho, como condição para que todos os alunos tenham iguais oportunidades de progresso escolar, conforme os princípios democráticos, esse processo demanda coordenação, supervisão, monitoramento e avaliação por gestores pedagógicos seja da escola, seja do sistema de ensino, atuando em apoio ao trabalho do professor e visando o desenvolvimento contínuo de sua competência profissional.

Como gestor da aprendizagem, o professor articula em seu trabalho, com foco nos alunos envolvidos, um conjunto de fatores de diferentes ordens, como por exemplo: os relacionados aos alunos, de natureza emocional, cognitiva, psicomotora, social, cultural; os relacionados ao seu meio familiar, como as condições sócio-econômico-culturais em que vive, a estimulação ambiental, a condições emocionais, as expectativas em relação a sua aprendizagem; os relacionados à escola, como o clima e a cultura organizacional da escola, a sua organização, o seu projeto político pedagógico; e os relacionados ao seu trabalho com os alunos, como a comunicação e o relacionamento interpessoal, metodologias, recursos utilizados para a estimulação da aprendizagem, de modo a implementar planos e objetivos propostos, em acordo com diretrizes, princípios e fundamentos educacionais elevados. Ao promover essa articulação, o professor mantém o foco de atenção no aluno, em suas necessidades educacionais, suas motivações e seu talento, mobilizados para a aprendizagem, mediante a participação em experiências estimulantes e dinâmicas.

Dada a sua complexidade e a necessidade de articulação de todos os seus componentes e ações, todos esses fatores caracterizam o ensino-aprendizagem como processo de gestão pedagógica, que é promovida em vários âmbitos de atuação, com foco na qualidade do ensino e aprendizagem dos alunos:

i) na sala de aula, exercida pelo professor; com a classe de alunos;

ii) na escola, exercida por supervisores/coordenadores pedagógicos e diretores de escola acompanhando, orientando, coordenando os professores e o conjunto de ações da escola, para garantir o caráter pedagógico de suas ações, com foco na aprendizagem;

iii) na rede de ensino, a ser exercida por supervisores/coordenadores pedagógicos e gestores da rede, para garantir a qualidade de ensino de todas as suas escolas.

A gestão é exercida nesses diferentes âmbitos de modo diferenciado, em acordo com seus diversos níveis de influência, sua abrangência e especificidade, porém sempre com o sentido de compartilhamento de responsabilidades pelo resultado final de aprendizagem pelo aluno. Este, em última instância, recebe a influência direta do que acontece na sala de aula e na escola. Porém, estes ambientes de aprendizagem, por sua vez, são influenciados pelas ações da rede e pela comunidade, o que naturalmente coloca todos eles em situação de convergência pelos mesmos resultados.

Cabe destacar o reconhecimento de que é na sala de aula que ocorre a aprendizagem, em vista do que ao professor cabe a responsabilidade direta pelos resultados da aprendizagem de seus alunos. Como, porém, a gestão escolar é responsável pela efetividade do trabalho dos professores e pela qualidade do ambiente escolar, cabe aos seus gestores a responsabilidade pelos resultados que estes promovam. Portanto, compete-lhes atuar com os professores no sentido de que desenvolvam competências pedagógicas para enfrentar com mais efetividade os desafios de promover a aprendizagem de todos os seus alunos, assim como garantir a equivalência da qualidade de experiências pedagógicas recebidas por todos os seus alunos.

Por outro lado, do ponto de vista da rede de ensino, pode-se dizer que é na escola que ocorre a aprendizagem, em vista do que compete aos seus gestores promover as condições para que os profissionais escolares atuem com foco nessa aprendizagem, com competência e olhar atento para possíveis desvios que comumente ocorrem em relação aos rumos do melhor aproveitamento pelos alunos, da experiência educacional oferecida por todas as escolas. A eliminação de discrepância de resultados entre estabelecimentos e entre turmas nos mesmos estabelecimentos de ensino é condição que deve receber contínua atenção de gestores da rede.

Portanto, o exercício docente pelo professor corresponde a um trabalho público que demanda a articulação de diferentes níveis de influência, tanto as internas à sala de aula e aos alunos, como as externas à sala de aula e à escola. Por esse sentido é que se afirma corresponder o seu trabalho a uma atuação de mediação entre diferentes âmbitos de influência e ordens de participação no processo ensino-aprendizagem.

Figura 1 Âmbitos de gestão pedagógica

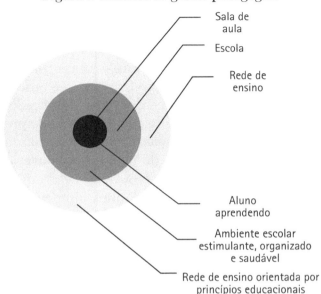

Fonte: Cedhap – Centro de Desenvolvimento Humano Aplicado

Cabe reconhecer que a complexidade real do processo ensino-aprendizagem é maior do que a que se pode facilmente visualizar e compreender. Isso porque se trata de um processo intricado e dinâmico, por envolver, de forma interativa, pessoas que atuam influenciadas e impulsionadas por inúmeros aspectos, elementos e fatores das mais diversas ordens, como os biológicos, sociológicos, psicológicos, culturais, filosóficos, expressos de modo peculiar por cada aluno em suas experiências educacionais, além dos pedagógicos, orientados por ideias e concepções diversas. A manifestação de todos eles, em múltiplos desdobramentos, variando em natureza, abrangência e profundidade, aponta para o fato de que o processo ensino-aprendizagem é denso de significados, demandando, portanto, do educador, grande preparação e esforço contínuos e constantes, no sentido de compreendê-lo, de modo a promover as melhores orientações e ações. Estas ocorrem, na medida em que se assentem sobre competências igualmente abrangentes e sólidas desses profissionais, daí por que a gestão de aprendizagem dos alunos envolver em seu processo um importante componente que é o desenvolvimento de capacitação em serviço, pela observação, análise, reflexão, identificação e apreensão de significados e sistematização de conhecimento pedagógico pelo professor.

Dentre os elementos e aspectos mais evidentes do processo ensino-aprendizagem, a serem compreendidos pelos profissionais e gestores da escola, destacam-se:

i) O sentido, os fundamentos, princípios, diretrizes e objetivos da Educação, definidos em grande acervo de estudos na área e na legislação educacional, cujo conhecimento e domínio é imprescindível para qualificar o trabalho educacional, dar-lhe clareza e consistência, assim como constituir a unidade entre as diferentes ações pelo norteamento comum.

ii) Os alunos, com seu contexto sócio-econômico-cultural, suas necessidades e motivações pessoais, suas condições físicas e de saúde e experiências sociais; seu estágio de desenvolvimento pessoal, seus comportamentos e seu histórico de aprendizagem.

iii) Os professores, com seus valores, sua formação, seus conhecimentos, habilidades e atitudes, suas expectativas quanto à aprendizagem e desenvolvimento dos alunos e ao próprio trabalho docente para essa promoção; a natureza de sua experiência profissional, o nível de comprometimento com seu trabalho e sensibilidade em relação aos alunos como pessoas.

iv) Condições físicas e materiais da escola, qualidade e adequação de seu espaço físico, variedade das estimulações pedagógicas ofertadas e uso dos equipamentos e materiais disponíveis.

v) Cultura e clima organizacional da escola, que traduz a sua orientação no trabalho cotidiano e o seu modo de ser e de fazer, que vai desde os ambientes mais burocratizados e autoritários até os informais e livres de orientações claras e seguras.

GESTÃO DO PROCESSO DE APRENDIZAGEM PELO PROFESSOR

vi) Parâmetros de qualidade do ensino e de desempenho, definidores de indicadores da qualidade do ensino, e estabelecedores de critérios objetivos de norteamento da ação educacional, seu monitoramento e avaliação, assim como a unidade entre todas as experiências educacionais promovidas nas escolas e orientação do trabalho de seus profissionais.

vii) Formas e características de liderança e gestão escolar exercidas pela direção e equipe pedagógica da escola, responsável pela determinação da cultura e clima organizacional da escola, orientada por princípios educacionais.

viii) O envolvimento dos pais no acompanhamento da aprendizagem dos filhos; na participação da gestão da escola e de projetos educacionais enriquecedores do currículo escolar de seus filhos; na criação de ambiente educacional escolar saudável, seguro e estimulante; no estabelecimento de comunicação e integração contínuos entre família e escola.

ix) Articulação do objeto de aprendizagem com a realidade da comunidade e da sociedade, de modo a estabelecer, em relação a esse objeto, a condição de os alunos conhecerem, através do processo de aprendizagem, essa realidade, mediante aplicação de conhecimento.

x) Os desafios a serem enfrentados pelos alunos na sociedade, que demandam um conjunto de competências cujo desenvolvimento cabe à escola promover como inerentes à aprendizagem escolar, como por exemplo: a descoberta de si, do outro e do conhecimento, pelo que aprendem a participar e a colaborar, a resolver problemas, a atuar de forma autônoma, com curiosidade investigativa, pensamento crítico, resolução de problemas, colaboração, comunicação, liderança, criatividade, gestão da informação e gestão do conhecimento.

xi) Os elementos humanos que interferem do processo ensino-aprendizagem, envolvendo a dinâmica psicossocial da qual fazem parte processos de comunicação e interações interpessoais múltiplas, que tem como elementos subjacentes emoções, ansiedades, medos, angústias, interpretações de mundo, anseios e expectativas, dentre outros aspectos, cuja atenção depende os resultados educacionais.

xii) As competências profissionais desenvolvidas pelos professores e gestores, sua natureza, dimensões e orientações.

Por esses e muitos outros aspectos que interagem e se interinfluenciam na atuação dos profissionais da educação, pelos significados que lhes atribuem, o processo ensino-aprendizagem é, portanto, um exercício complexo que envolve e exige múltiplas responsabilidades e competên-

GESTÃO DO PROCESSO DE APRENDIZAGEM PELO PROFESSOR

cias. Na sala de aula, ele depende, portanto, de um grande conjunto de habilidades, conhecimentos e atitudes do professor, a fim de que possa, a cada momento, no desenrolar de suas aulas, tomar decisões pedagógicas efetivas e aplicá-las em ações bem orientadas e informadas, a partir da visão de conjunto de todos os elementos que interagem no processo e sensibilidade a respeito da variação de seus significados, conforme o contexto e situação. O trabalho do professor envolve, desse modo, habilidades de gestão pelas quais se torna capaz de articular os elementos interatuantes no ambiente pedagógico, na orientação efetiva da aprendizagem de seus alunos.

Neste livro são tratadas questões básicas relacionadas à gestão da aprendizagem na sala de aula, que preocupam o professor, com o objetivo de contribuir para sua reflexão sobre condições que podem promover maior efetividade de sua atuação. O trabalho é também de interesse de supervisores/coordenadores pedagógicos escolares e de redes de ensino, além de gestores escolares e educacionais que têm como foco a melhoria da qualidade do ensino, com vistas a promover a elevação e ampliação contínua dos resultados educacionais. Por conseguinte, neste trabalho são focalizadas questões pertinentes ao processo educacional realizado na sala de aula, sob responsabilidade direta dos professores, e indireta de supervisores/coordenadores, diretores escolares e gestores pedagógicos de redes de ensino.

Estes profissionais, no cumprimento de suas responsabilidades gestoras, contribuem para a elevação da qualidade da aprendizagem dos alunos, mediante sua orientação, mentoria e coordenação da atuação dos professores, a partir de suas compreensões e competências sobre o significado, abrangência e complexidade do processo ensino-aprendizagem. O entendimento por estes profissionais dos desafios que o professor enfrenta na sala de aula é fundamental, a fim de que possam contribuir para que alunos, ao aprenderem, alcancem níveis cada vez mais avançados de formação, mediante novas competências pessoais e ulteriormente sua transformação pessoal.

Neste livro são analisadas questões como: Por que o trabalho do professor corresponde à gestão da aprendizagem, a importância da atuação do professor na determinação da aprendizagem dos alunos; a disciplina como objeto de aprendizagem e formação, as necessidades educacionais dos alunos e seu atendimento; o diagnóstico e acompanhamento da aprendizagem dos alunos.

> A aprendizagem do aluno se dá a partir das influências educacionais promovidas pelo professor mediante a mediação e gestão de diferentes âmbitos de influência e ordens de participação no processo ensino-aprendizagem.

I
A promoção da aprendizagem na sala de aula como processo de gestão

Gestão é processo de mobilização e articulação do esforço de pessoas, coletivamente organizadas, de modo a promoverem objetivos comuns, envolvendo a articulação e integração de diferentes elementos necessários a essa realização, inclusive a resolução de impasses, dificuldades e tensões relacionadas comumente a esse processo e esforço. O conceito de gestão tem como pressuposto o entendimento de que são as pessoas que promovem transformações e realizações e que sua atuação, para ser efetiva, necessita superar as tendências ao imediatismo e resultados superficiais, à fragmentação e ao reducionismo, à mecanização e formalismo burocratizantes, ao comodismo e omissão, dentre outros aspectos, o que alcança mediante a consciência dos desafios do processo em questão, em todas as suas dimensões e expressões.

Em relação ao processo ensino-aprendizagem, torna-se fundamental, portanto, que se observe como o mesmo tem sido promovido e quais os desafios que se apresentam. Observa-se, como questão a ser superada, que o ensino-aprendizagem é muitas vezes simplificado, a partir de reduções contínuas do seu processo a decisões sobre conteúdo e passos operativos da sua transmissão, e controle de comportamento dos alunos para a aquisição desse conhecimento, sem consideração com a transformação e formação do aluno, e nem ao menos as suas competências cognitivas, haja vista as práticas fragmentadoras de mensuração da aprendizagem, reduzidas a representações numéricas sem sentido pedagógico para a melhoria da aprendizagem, por seu caráter meramente burocrático.

Tal condição ocorre, tendo em vista um conjunto de aspectos históricos e limitações, que envolvem a formação dos profissionais de Educação, a organização curricular praticada desde longa data, a organização e a administração do ensino e das escolas, dentre outros, que tem reduzido a prática do processo ensino-aprendizagem a poucos componentes, em desconsideração ao seu principal elemento constituinte: a promoção da formação dos alunos e seu desenvolvimento integral, mediante experiências educacionais estimulantes, em que a interação de professores e alunos é fundamental.

A educação é uma realidade de ação, de comunicação, de relacionamento interpessoal, de movimento, de processos praticados por pessoas, e é sobremodo sobre esses aspectos que se deve ater a gestão da aprendizagem, visando a integrá-los, orientá-los, promovê-los na intensidade e com as características educacionais adequadas, mediante a sua articulação integradora. O foco de todo trabalho educacional é a aprendizagem e formação dos alunos, cuja natureza demanda considerações especiais, a fim de que sua gestão seja promovida de modo a qualificar, nortear e impulsionar os seus resultados, para o que é necessário compreender a natureza desse processo no contexto da escola e da sala de aula, os elementos envolvidos e o papel dos professores em sua realização.

1 A natureza da aprendizagem no contexto da escola e da sala de aula: as bases da gestão de seu processo

Os profissionais da Educação, rapidamente e sem dificuldade alguma, afirmam que o papel da escola e de seus professores é o de promover a aprendizagem dos alunos, de modo que estes possam atuar segundo o espírito da cidadania e assumir responsabilidades compatíveis com os desafios com que se defrontam e com que se defrontarão no futuro. Também reconhecem a importância da fundamentação de novas aprendizagens, uma vez que a aprendizagem corresponde a processo pelo qual os alunos terão bases sólidas para continuar aprendendo em estágios mais adiantados do processo educacional (UNESCO, 1978; AUSUBEL; NOVAK & HANESIAN, 1983), em atendimento às demandas por educação permanente e continuada para todos os cidadãos, face aos desafios da sociedade tecnológica e do conhecimento (NAISBITT & ABURDENE, 1990).

A escola, e a sala de aula em especial, são espaços privilegiados para a promoção da formação dos alunos pela aprendizagem, de modo que sejam dotados de um grande conjunto de competências, dentre as quais se destacam:

- resolver problemas com iniciativa e criatividade;
- ler, manipular e interpretar informações;
- analisar a realidade de forma crítica;
- assumir responsabilidades de natureza pessoal e social;
- atuar de forma empreendedora e proativa;
- trabalhar cooperativamente, em equipe;
- relacionar-se positivamente com os outros;
- dominar conhecimentos técnicos necessários para a solução de problemas;
- fazer bom uso dos bens sociais, culturais e tecnológicos que a sociedade disponibiliza;

- fazer bom uso dos bens naturais existentes, respeitando-os e contribuindo para a sua preservação;
- tomar decisões oportunamente e objetivamente, com base em informações adequadas;
- atuar de forma autônoma e responsável;
- mobilizar diversos recursos cognitivos para enfrentar desafios e situações-problema;
- enfrentar desafios com perspectiva de aprendizagem, empreendedorismo e visão de futuro;
- conviver em contextos variados, arcados por diversidades, como por exemplo as religiosas, étnicas, culturais e econômicas;
- agir com autoconfiança e segurança;
- orientar-se por valores éticos e princípios de cidadania;
- atuar com iniciativa diante de situações que demandam ação e intervenção;
- participar conscientemente das decisões que afetam a sociedade como um todo, quando defrontados com esse desafio;
- reconhecer e enfrentar desafios mediante estratégias positivas.

Por conseguinte, o exercício dessas competências vai além da interpretação restrita e operativa do domínio das capacidades operacionais de ler, escrever, falar, ouvir e calcular. Desde os primeiros anos de escolaridade é promovido o domínio destas competências básicas para instrumentalizar as demais competências anteriormente apresentadas, com as quais as pessoas enfrentam os desafios da vida em seu dia a dia, posicionando-se de forma positiva diante das situações vivenciadas.

Afirma-se também que a escola deve ser formadora de cidadãos éticos, aptos a administrar de forma construtiva suas competências e habilidades; deve ser eficiente nos processos, métodos e técnicas empregados; eficaz nos resultados, superando a expectativa da comunidade, tendo o estudante como protagonista da construção de seu projeto de vida (INSTITUTO AYRTON SENNA, 2013).

Depreende-se, portanto, que a gestão da aprendizagem baseia-se em entendimento do significado e importância de aprender como um fundamental processo de desenvolvimento pleno da dimensão humana de cada aluno como um ser de aprendizagem pelo qual se transforma continuamente, constrói-se como pessoa e ser social e eleva-se para além das mesmices operacionais sem significado transcendente para além do fazer e obter resultados imediatos traduzidos em notas de provas e trabalhos. Estudar para ganhar nota, o que infelizmente se constitui característica da cultura escolar de muitas escolas, constitui-se um contrassenso em relação aos objetivos educacionais e às responsabilidades de formadores que a escola e seus profissionais assumem.

Conforme identificado em pesquisa com estudantes do Ensino Médio, os alunos têm a compreensão de que o processo de escolarização deve promover o desenvolvimento integral do educando, contemplando conceitos, atitudes e emoções (SOUZA & SOUZA, 2009), de modo que possam assumir com segurança e formação pessoal sólida os desafios cada vez mais complexos da sociedade, que demanda das pessoas raciocínio crítico e capacidade de posicionamento (FREIRE, 1996), diante de dificuldades sempre presentes e continuamente crescentes.

A gestão da aprendizagem, por conseguinte, constitui-se em processo que se qualifica mediante o entendimento da natureza dinâmica da aprendizagem, e dos objetivos gerais da educação, que não podem ser perdidos de vista em cada momento e em cada atividade de promoção da aprendizagem e sua avaliação, em caráter pedagógico.

2 A interação de pessoas pressupõe gestão

A promoção da aprendizagem em sala de aula se constitui em processo pedagógico de natureza social, que envolve a interação entre professor e alunos e destes com seus colegas, na discussão, apreensão, análise, comparação, sistematização de dados e informações, de fatos, fenômenos, circunstâncias e características de objetos de estudo e reflexão, para a apreensão e compreensão de significados, que se constitui na natureza da aprendizagem e para a sua sistematização, que se constitui em construção do conhecimento.

Conforme proposto por Carl Rogers (1987, 1997), educação é processo de relacionamento interpessoal que envolve interativamente professores e alunos como pessoas, e se realiza a partir das características e da qualidade desse relacionamento (ZIMRING, 2010). O relacionamento interpessoal é condição que atribui à aprendizagem o caráter educacional, induz o aluno a tornar pessoal o processo de aprender e a desenvolver competências humanas. Sem ele, tem-se apenas um caráter instrucional informativo, o que, aliás, nos tempos atuais, pode ser desempenhado mais eficazmente por meios eletrônicos, em cujo uso os alunos têm-se demonstrado muito mais familiarizados e ágeis do que seus professores.

Educação é muito mais do que adquirir informações ou de desenvolver capacidades mecânicas e funcionais a partir de treinamento. Envolve o fazer sentido de informações mediante processos mentais múltiplos, como compará-las, discernir entre seus diferentes significados contextuais, identificar possibilidades de sua aplicação e seus resultados; envolve desenvolver competências pessoais ao fazê-lo, num esforço de conhecer o mundo e conhecer-se no mundo para nele se situar de forma crítica e consciente, de modo que permite aos alunos formarem-se como pessoas capazes de assumir autonomamente sua vida e dar-lhe um encaminhamento positivo.

O professor na sala de aula é, portanto, figura central que desempenha o importantíssimo papel de mediar, articular, mobilizar, liderar, coordenar processos sociais e interações, de modo a canalizar e desenvolver talentos humanos em processos de aprendizagem, pelos quais os alunos aprendem a apropriar-se do conhecimento, a conhecer o mundo e a compreender-se em atuação nesse mundo, a ser capazes de resolver problemas de forma participativa, ética e crítica.

Observa-se, no entanto, que muito do que acontece na sala de aula é caracterizado por atividades em que a interação não é pedagogicamente promovida e orientada, e que quando ela ocorre entre os alunos, como manifestação natural de sua energia e expressão social, é até mesmo cerceada, deixando, portanto, de atender a uma necessidade básica dos alunos como seres sociais em processo de aprendizagem das competências compatíveis com relacionamentos saudáveis e positivos. Mediante essa desconsideração, gera-

-se condições que levam o aluno a se relacionar com os colegas de forma clandestina e por subterfúrgios, vindo a caracterizar o que os professores denominam de indisciplina. Verifica-se que queixas de indisciplina dos alunos na sala de aula são crescentes, vindas até mesmo a se manifestar mediante comportamentos de violência, sendo que a responsabilidade pelo seu atendimento é muitas vezes transferida para os gestores escolares e as famílias, deixando os professores de examinar por que tais comportamentos ocorrem e qual a sua relação com a dinâmica das aulas, com sua metodologia e com o tipo de relacionamento interpessoal que adotam com os alunos.

A análise de questões relacionadas a esses aspectos, que fazem parte estruturante da qualidade do processo ensino-aprendizagem e sustentam o nível de sua qualidade, constitui-se, portanto, em condição necessária para que o professor tenha uma percepção mais abrangente e dinâmica desse processo como uma atividade de gestão articuladora de múltiplas dimensões que não as exclusivamente do trato de conteúdos da aprendizagem, mas sobretudo da dimensão humana.

> Gestão da aprendizagem é processo de articulação e integração em processo integrado e consistente de componentes que, isolados ou desconsiderados, deixam de convergir para bons resultados do processo.

3 A complexidade demanda processo de gestão

Vale reforçar que toda e qualquer realização social complexa, que envolva vários elementos de forma dinâmica e pessoal, para que seja efetiva, demanda esforço de gestão. Este é o caso especial dos processos educacionais e pedagógicos orientados para promover aprendizagem e formação dos alunos que ocorrem na sala de aula. A sua realização envolve, tal como apontado anteriormente, uma variedade de condições, elementos, estratégias, circunstâncias, cuidados, recursos, cuja efetividade depende de que estejam interconectados de forma interativa e articulados entre si, de modo a constituir um todo integrado e coeso, voltados para os mesmos propósitos e orientados pelo mesmo paradigma educacional, tendo a dimensão humana como central.

Dedicando atenção mediante olhar interativo e articulador de todos os elementos que interferem e contribuem para o processo de aprendizagem dos alunos, e, sobretudo, as suas emoções, ações, reações e interações, o professor torna suas aulas mais efetivas e realiza gestão mais eficaz da aprendizagem.

> Gestão da aprendizagem é trabalho de mobilização da energia, da motivação, do talento, de interesses e processos mentais dos alunos, para se concentrarem na observação, análise, comparação, integração de significados sobre os objetos de estudo e reflexão, como condição para sua formação e aprendizagem.

4 Gestão pressupõe mobilização de pessoas para a realização de objetivos

Sabe-se que a aprendizagem significativa é processo que envolve o aluno por inteiro, em suas dimensões cognitiva, afetiva e psicomotora e que remete ao seu desenvolvimento como pessoa em suas dimensões sociais, psicológicas, biológicas, vocacionais, dentre outras. Portanto, envolve a mobilização e canalização de atenção dos alunos, estimulação de sua motivação, orientação de processos mentais aplicados em experiências dinâmicas em que os alunos empregam os seus talentos e exploram seu potencial, mediante atividades de observação, análise, reflexão, construção de significados sobre questões apresentadas em experiências pedagógicas, e aplicação de esforço pessoal na busca de solução para problemas.

Tendo em mente esse foco é que o professor exerce um trabalho de liderança, mobilização e articulação de condições humanas, emprego criterioso de materiais e técnicas para que a sala de aula seja um ambiente de aprendizagem e que os alunos aprendam o máximo possível a desenvolver sua capacidade de resolver problemas; de trabalhar em equipe; de organizar, significar e avaliar dados e informações; de fazer bom uso dos bens culturais disponíveis empregando plenamente suas competências cognitivas. Tais são as características de uma comunidade de aprendizagem.

Como consequência, para ser bom professor é necessário desenvolver competências de gestão pedagógica específicas para a sala de aula, que envolvem um conjunto de dimensões do processo ensino-aprendizagem, como por exemplo: visão estratégica sobre o trabalho pedagógico; liderança estimuladora da aplicação da atenção e energia dos alunos nas atividades de aprendizagem; organização e implementação de experiências de aprendizagem ativas, estimuladoras e mobilizadoras de processos mentais dos alunos; variação das situações de estímulo à aprendizagem; organização do contexto conceitual de aprendizagem; integração lógica e psicológica de conteúdos, criação de ritmo de atividade e bom aproveitamento do tempo, adoção de métodos ativos e interativos de promoção da aprendizagem, realização de exercícios de resolução de problemas e aplicação de aprendizagens, práticas de revisão e reforço da aprendizagem, dentre outros.

Essas são condições básicas para que ocorra uma programação e atuação segundo a concepção, ao mesmo tempo dinâmica e integrada, de aula focada na aprendizagem e formação dos alunos, envolvidos ativamente e interativamente no processo de observar diferenças e semelhanças, de analisar características, de construir significados, de explorar suas expressões em diferentes contextos e exercitar diferentes processos mentais, resolver problemas e exercitar novas ideias.

O olhar atento do professor sobre essas condições do processo ensino-aprendizagem são, por certo, inerentes a sua responsabilidade de promover a formação e aprendizagens significativas e formação dos alunos.

5 A ocorrência de conflitos, tensões e desvios de foco demanda gestão

Continuamente, as aulas demandam habilidade de mediação e resolução de conflitos, atenção a comunicações paralelas e a intervenções desfocadas que, embora indesejadas, são naturais ao processo ensino-aprendizagem e devem ser utilizadas como elementos importantes na aprendizagem e formação de hábitos e habilidades sociais dos alunos. O professor gestor presta atenção a estas ocorrências e adota uma orientação no sentido de observar as condições em que ocorrem e que fatores induzem à sua ocorrência, inclusive o seu próprio desempenho e a organização e direcionamento que adota no desenvolvimento da aula, que funcionam como elementos de orientação do desempenho dos alunos.

Portanto, a promoção da aprendizagem demanda gestão de energia e de desempenho, de modo a manter em alta a mobilização de interesses dos alunos, a sua atenção na aprendizagem em foco, a atitude favorável ao objeto de aprendizagem, a concentração de esforços e a aplicação de processos mentais na resolução de problemas, dentre outros aspectos. Essa gestão envolve habilidades para utilizar de forma apropriada as circunstâncias de conflito e contradições como condições de aprendizagem. Mesmo numa boa aula, essas condições são previstas, embora possam ocorrer de maneira menos frequente. Porém, em aulas malpreparadas e malconduzidas, sem o exercício das competências de gestão pelo professor, elas são comuns e promovem verdadeira desconcentração, tanto do professor como do aluno, ao processo de aprendizagem.

Considerando, pois, a probabilidade que essas condições venham a ocorrer, a sua gestão começa antecipadamente: elas podem ser prevenidas na fase de planejamento e preparação das aulas, envolvendo a previsão de dificuldades a serem experimentadas pelos alunos, assim como a adoção de formas ativas e participativas de envolvimento dos alunos na aula, de modo que elas os envolvam ativamente. É importante levar em consideração que determinados alunos demandam atenção diferenciada, em vista do que o professor pode preparar para seu atendimento mediante cuidados relacionados ao seu acompanhamento e estimulação, e organização de exercícios e atividades em diferentes níveis de dificuldade.

6 Gestão pressupõe planejamento e organização

Uma boa aula é, pois, uma experiência orientada para o envolvimento do aluno em processos mentais de observação, análise, comparação, síntese, dentre outros, realizados mediante o compartilhamento de ideias com colegas, comunicação interpessoal e reflexão voltados para a resolução de problemas, para a interpretação de informações, para o desenvolvimento de conceitos, para a identificação de perspectivas aplicativas. Essas experiências, que necessitam ser realizadas de maneira dinâmica, e, portanto, mediante metodologia interativa, flexível e aberta, precisa ser planejada, para não ser improvisada e sem foco.

Em acordo com o princípio de gestão que mobiliza, coordena, orienta e organiza a atividade humana para a realização de objetivos, é mediante um plano de ação focado na realização dos objetivos propostos que se organiza e direciona esse trabalho, e o professor pode manter-se atento aos seus alunos e focado em suas atividades. Nesse processo, a previsão do emprego de conteúdos, métodos e técnicas apropriados para a realização do processo de aprendizagem é realizada levando em consideração as necessidades educacionais dos alunos, bem como as suas motivações, emoções e reações como circunstâncias fundamentais do mesmo.

Estratégias para o envolvimento dos alunos e ativação de seus processos mentais, estratégias de equilibração e maximização do uso do tempo, previsão de dificuldades e de alternativas para superá-las, são, portanto, aspectos levados em consideração no planejamento e na implementação das ações pedagógicas. Abrange também a previsão de processos e dinâmica de relacionamento interpessoal entre professor e alunos e entre aluno e aluno, considerando a dinâmica das relações interpessoais que ocorrem na aula e que demanda do professor contínua observação às variações de ânimo e atenção dos alunos, discernimento sobre seu significado, liderança e influência positiva sobre seu envolvimento nas atividades de aprendizagem, coordenação e orientação das atividades individuais e conjuntas dos alunos, tal como um maestro em uma orquestra, atento a cada alteração de expressão de cada músico, em relação ao objetivo central, tendo a música dentro de si para nortear a sua maestria e passando-a para seus músicos, a partir de sua orientação.

Em suma, a gestão da aprendizagem se dá mediante a gestão de processos focados em pessoas e como elas são envolvidas nos mesmos, tendo em mente a sua mobilização e envolvimento pleno no emprego articulado de competências, recursos, métodos e técnicas na promoção do contínuo processo de desenvolvimento e transformação.

GESTÃO DO PROCESSO DE APRENDIZAGEM PELO PROFESSOR

A promoção da aprendizagem demanda gestão de energia e de desempenho, de modo a manter em alta a mobilização de interesses dos alunos, a sua atenção na aprendizagem em foco, a atitude favorável ao objeto de aprendizagem, a concentração de esforços e a aplicação de processos mentais na resolução de problemas.

II
A atuação do professor na determinação do que e como o aluno aprende

Tendo em vista que o professor atua diretamente com os alunos, exercendo influência direta sobre sua aprendizagem e formação, o papel que desempenha é preponderante na definição da qualidade do ensino recebida por eles. O modo como atua, as atitudes que adota, as intervenções que promove ou deixa de promover afetam indelevelmente as atitudes dos alunos em relação ao processo de aprendizagem. Portanto, além de pensar sobre a organização do ensino e do ambiente de sala de aula, é imprescindível que observe também o modo como se relaciona e se comunica com os alunos e as emoções que expressa em relação a eles, e como elas são percebidas por eles.

Portanto, é o professor a pessoa diretamente responsável por interpretar e empregar todos os elementos disponíveis para o processo ensino-aprendizagem, interagindo com eles de acordo com a interpretação que faz deles, de si mesmo e do próprio trabalho. Materiais pedagógicos, equipamentos, programas, métodos, planos de ensino, enfim todos os aspectos empregados na melhoria da qualidade do ensino, têm apenas o potencial para essa contribuição. Esta se torna efetiva mediante a qualidade de seu uso, que está diretamente vinculada à competência dos professores, para que, pelo seu emprego, venha ocorrer uma contribuição adequada na estimulação, orientação e focalização da aprendizagem dos alunos.

A partir da interpretação que o professor faz do significado da vida, da educação, da escola, de seu papel na escola e na educação, de suas competências e habilidades, esse profissional atribui significado e norteamento ao seu trabalho, qualificando a interação professor-aluno-conhecimento, ativando processos mentais e as decisões lógicas e emocionais que toma na efetivação desse processo. Ao fazê-lo, ele determina como e quanto o aluno se envolve no processo educativo e por ele se interessa e, em consequência, o quê o aluno aprende, não apenas no momento em que se dá o processo ensino-aprendizagem, mas também na possibilidade de ganhos maiores em relação a futuras aprendizagens. Vale dizer que o professor, ao trabalhar o processo ensino-aprendizagem, articula aprendizagens passadas e aprendizagens futuras (AUSUBEL; NOVAK & HANESIAN, 1983) – mais uma dimensão a ser considerada na gestão da aprendizagem.

O professor é o filtro que lê e dá significado a todos os elementos envolvidos no processo pedagógico a partir do que direciona suas ações, escolhe materiais, determina procedimentos, expressa comportamentos e gestos, interpreta comportamentos dos alunos e lhes dá *feedback*. Portanto, sua competência, suas expectativas, sua formação, seus valores, suas atitudes são fatores importantes na determinação de quanto, como e o que o aluno aprende. Desse modo, é fundamental que esses aspectos sejam levados em consideração na determinação da qualidade do processo ensino-aprendizagem, e que os gestores escolares atuem em apoio e orientação do professor na realização desse processo em sala de aula, mediante observação de aulas e reflexões conjuntas sobre sua dinâmica.

1 A análise da relação do trabalho docente-discente pelo professor

Embora os múltiplos aspectos do processo ensino-aprendizagem exijam uma ação consciente e continuamente atenta às múltiplas expressões que ocorrem na sala de aula, não é incomum que professores tomem decisões, em boa parte, orientados pelo senso comum, por compreensões superficiais e até mesmo tendenciosas sobre o comportamento dos alunos, e por conhecimentos pedagógicos pouco sólidos, em busca de obter soluções imediatistas de caráter comportamental aparente por parte dos alunos. Isto é, que apenas reajam a desvios de comportamento dos alunos com medidas de controle, em vez de interagir com medidas de orientação. É possível observar, muitas vezes, que boas teorias e padrões elevados de desempenho expressos pela escola fazem apenas parte das formalidades dos projetos pedagógicos escolares, mas não o fazem das práticas nas salas de aula, que ocorrem sem o devido acompanhamento e a necessária orientação pedagógica.

Nesse contexto, as decisões tomadas pelos professores para orientar suas ações são em geral limitadas, deixando de atender às necessidades educacionais dos alunos, tanto as pessoais como as sociais, de inserir-se nos grupos sociais de seu entorno e na sociedade, que se encontra em contínua mudança impulsionada pelo conhecimento e pela tecnologia (GRACINDO & KENSKY, 2001). Muitas vezes, as decisões docentes assumem um "caráter remedial", focalizado em problemas comportamentais e disciplinares, sem consideração à perspectiva formativa e desenvolvimentista dos alunos (LÜCK, 1992).

Os professores que superam essa tendência limitada, do ponto de vista educacional, adotam uma perspectiva educacional em que exerce liderança de um processo de estimulação e encorajamento dos alunos como sujeitos ativos no desenvolvimento do processo ensino-aprendizagem, realizado de modo aberto e flexível, apesar de estruturado e organizado. Esses professores promovem experiências de aprendizagem em que os alunos sentem-se à vontade para participar, fazer perguntas, apresentar ideias, ensaiar pontos de vista, enfim, expressar-se, enquanto orientam esse processo, de modo a aproximá-los e integrá-los aos eixos condutores da promoção da aprendizagem e caminhos pedagógicos propostos. Portanto, tal processo demanda, necessariamente, construir na sala de aula um espaço de mediação e negociação, e adotar uma perspectiva de contínua tomada de decisão a respeito do melhor encaminhamento, a partir de cada nova situação emergente.

Sabe-se que o hábito do professor de analisar os aspectos que emergem em seu trabalho pedagógico, e de questionar continuamente a relação entre as ações adotadas e seus resultados, constitui-se em uma prática altamente positiva no desenvolvimento de suas competências profissionais docentes, dentre as quais ganham destaque a sua maneira de ser, que demanda observação e trabalho sobre si mesmo (BLIN & GALLAIS-DEULOFEU, 2005). Dessa prática fazem parte a observação, reflexões em torno de certas questões fundamentais, como por exemplo: Que objetivos são realizados e com que intensidade? Que objetivos deixam de ser realizados? Que ações têm sido mais efetivas e quais não estão sendo? Por quê? Como estão reagindo os alunos? Que variações de resposta e de reações ocorrem entre os alunos? Que práticas são adotadas pelo professor para garantir que todos os alunos tenham oportunidade de aprender? A partir de que ações e comportamentos os alunos são mais ativamente envolvidos no processo ensino-aprendizagem e tiram melhor proveito dele? De que forma as novas aprendizagens se articulam com as anteriores? Que competências o professor desenvolve em seu trabalho? Como observa e interpreta o desempenho dos alunos?

Adotando-se uma perspectiva analítica de estudo e reflexão sobre o significado desses aspectos, é possível, ao mesmo tempo, desenvolver a competência docente e a capacidade de tomada de decisões, de modo a desenvolver o potencial de melhor desempenho presente, assim como melhorar o desempenho futuro. Dessa forma, o professor pode contribuir para aumentar o valor e a importância do ambiente imediato de aprendizagem e suas experiências; enriquecer o currículo escolar, como o conjunto das experiências educacionais promovidas pela escola e, em suma, contribuir de maneira mais significativa para a formação e aprendizagem dos alunos, enquanto alcança níveis mais adiantados de desenvolvimento pessoal e profissional.

2 A integração entre a atenção a métodos e procedimentos e a promoção de atenção aos alunos

Em seu trabalho de pesquisa sobre a qualidade da Educação em países da América Latina, Martin Carnoy (2009), objetivando identificar elementos associados aos melhores resultados de aprendizagem dos alunos, indicou que as práticas pedagógicas promotoras de sucesso discente em aprender apresentam características específicas:

i) são bem planejadas, superando a improvisação;

ii) são ativas, mantendo os alunos envolvidos continuamente no foco da aprendizagem;

iii) são orientadas e acompanhadas continuamente pelo professor, que vai promovendo os ajustamentos necessários;

iv) maximizam o bom uso do tempo;

v) são inclusivas, pela observação a todos os alunos e atenção diferenciada aos que a demandarem, dentre outros, cuidados e atenções necessários.

Portanto, boas práticas educacionais demandam uma orientação gestora pelo professor, durante todo o tempo, no desenvolvimento de suas aulas, cuidando para que os alunos estejam dinamicamente envolvidos em experiências estimulantes de aprendizagem, envolvendo a reflexão, a resolução de problemas, a criatividade, a exploração de horizontes mais largos para conhecer o mundo, para compreender a si mesmo nesse mundo e nele situar-se participativamente.

Durante o desenvolvimento dessas experiências, os professores mantêm um olhar abrangente sobre todos os seus alunos, e cada um deles, de modo a indicar aos mesmos o seu próprio interesse e envolvimento com o que estão fazendo e como estão aprendendo, assim como para verificar que ações específicas necessitam realizar para manter a estimulação, a orientação e o foco na aprendizagem. Acompanhar de perto a sua participação e orientá-la continuamente corresponde a agir de forma a garantir o máximo possível de aprendizagem dos alunos, envolvendo-os em processos de aprender a aprender, aprender a fazer, aprender a conviver e aprender a ser (DELORS, 1996).

3 A perspectiva do professor sobre seu papel em relação ao aluno

Bons professores são aqueles que assumem o seu trabalho docente orientados por uma perspectiva proativa em relação ao seu papel e à possibilidade de orientar os alunos, assumindo o compromisso de mobilizar a sua energia e a sua atenção no processo de aprendizagem e construção do conhecimento, ativando os seus processos

HELOÍSA LÜCK

mentais como observação, análise, comparação de fatos, de fenômenos e circunstâncias e interpretação de seus significados dentre outros processos mentais.

Segundo essa perspectiva, o aluno é percebido pelo professor como um ser humano com experiências de vida peculiares e dotado de potencial para o desenvolvimento, que é alcançado, na medida em que é ativamente envolvido no processo ensino-aprendizagem. Desse modo, o professor se vê como um agente responsável por desbloquear possíveis empecilhos e entraves a esse desenvolvimento e aprendizagem pela participação e envolvimento do aluno nas atividades pedagógicas ativadoras de seus processos mentais. Vale dizer, o professor considera o espaço da sala de aula como um ambiente de interação em que entram em jogo, como elemento mobilizador – ou desmobilizador – medos, ansiedades, percepções, tendências de alunos e de professores, em interação. Estar consciente desses aspectos e das suas influências no comportamento dos alunos – e também das próprias – é uma condição importante a ser assumida pelo professor, de modo que promova ambiente de aprendizagem positivo na sala de aula.

Portanto, conforme identificado em pesquisas sobre a efetividade de escolas em âmbito mundial e em contextos os mais diversificados, bons professores se percebem como importantes agentes do desenvolvimento e aprendizagem dos alunos, comprometem-se com esses resultados e atuam com dedicação e de forma criativa na obtenção desses resultados. Dificuldades são consideradas por esses professores como parte do processo ensino-aprendizagem e também como estímulo para o trabalho pedagógico, que se torna um extraordinário campo de desenvolvimento de competências docentes a partir da observação das contínuas variações do processo de aprendizagem e das interações que sofre em relação à organização do ambiente e às intervenções do professor (ICSEI, 2013).

Sabe-se que esse trabalho é desafiante, uma vez que um aluno é diferente do outro, que cada aluno aprende em seu ritmo próprio e muitas vezes a partir de estilos próprios. Por outro lado, tendo em vista inadequados hábitos adquiridos no próprio contexto escolar, em decorrência da falta de habilidades de professores, os alunos apresentam um conjunto de comportamentos e atitudes que interferem negativamente em sua aprendizagem e na de sua turma. O professor que compreende essas diferenças exerce um papel positivo na aprendizagem dos alunos. Em consequência, atua de maneira a redirecionar a energia dos alunos para a promoção da sua aprendizagem, o que faz parte do desafio docente e se constitui no cardápio diário de sua atuação, de modo a garantir os nutrientes necessários à aprendizagem significativa e transformadora de seus alunos. Levar em consideração boas práticas nesse sentido é, pois, uma importante estratégia para superar dificuldades e desenvolver competências docentes.

O Congresso Internacional Icsei 2013 sobre a efetividade e melhoria das escolas (ICSEI, 2013) corroborou, nas pesquisas apresentadas, algumas competências importantes e necessárias para que os professores possam construir em sua sala de aula ambiente favorável à concentração do aluno nas atividades de aprendizagem, que evita a agitação, a dispersão e a comunicação entre colegas sobre assuntos diferentes dos referentes ao foco da aprendizagem pretendida. Três condições se coadunam com os resultados de investigações realizadas sobre a efetividade das escolas pelo trabalho e competência de seus professores:

i) na prática do professor estão as bases da mudança que pretendem alcançar;

ii) alunos respeitam professores seguros, confiantes e competentes em seu trabalho;

iii) não se controla os alunos, e sim a situação em que eles estão envolvidos;

iv) disciplina se constitui em uma condição processual contínua e dinâmica ativa focalizada na aprendizagem, em vez de episódio ou evento;

v) disciplina é resultado de relação interpessoal na sala de aula.

4 Atitudes e habilidades do professor

Quando o professor demonstra que é organizado, que é pontual, que utiliza plenamente o tempo da aula com atividades de aprendizagem dos alunos, que é responsável no que faz, que domina os conteúdos da sua área e ainda possui cultura geral constantemente atualizada, que é seguro de si e controla suas emoções, que utiliza a tecnologia como meio e não como fim, consegue se perceber como profissional e como pessoa, e pode perceber o outro da mesma forma, pode-se esperar de sua prática profissional alunos mais envolvidos, interessados e dedicados à aprendizagem, assim como a sua própria realização profissional como docente. Esta pessoa vive tudo isto onde quer que esteja e com segurança e otimismo que contagiam os demais colegas e seus alunos. É a partir desta dinâmica que encontramos terreno fértil para a construção coletiva de normas de convivência educacional em todos os ambientes escolares.

Quando falta ao professor o domínio da maneira adequada de ensinar e também motivação suficiente para construir essa competência em serviços, de modo a poder fazer com que o aluno participe efetivamente do processo ensino-aprendizagem, este profissional não só deixa de exercer influência positiva, como deveria, sobre o desempenho do aluno, como também, transfere para ele a responsabilidade total pela problemática da disciplina, tornando a vítima em culpado da própria condição.

> Mediante o desenvolvimento de conceitos, habilidades e atitudes de gestão do processo de aprendizagem, o professor torna-se um profissional competente para seu tempo e para o atendimento das necessidades educacionais dos alunos para a sua época.

III
Disciplina como foco e circunstância da aprendizagem

Nada liberta como a Educação.
Voltaire

Pesquisas internacionais sobre escolas efetivas têm evidenciado que melhores resultados de aprendizagem ocorrem nos estabelecimentos de ensino onde existe ambiente de ordem e disciplina, isto é, onde os alunos concentram suas energias em atividades de aprendizagem, a partir de metodologias dinâmicas e organizadas, providenciadas pelo professor, continuamente atento a possíveis desvios desse foco por qualquer aluno, ao mesmo tempo em que o tempo todo conduz a interação dos alunos com foco nessa aprendizagem (HARGREAVES et al., 2002).

É possível sugerir, no entanto, que essa condição deixa de ser característica facilmente encontrada em nossas escolas, tendo em vista depoimentos dos próprios professores que, indagados sobre quais os maiores desafios que enfrentam em sala de aula, identificam de imediato aspectos relacionados à falta de disciplina dos alunos.

Esta se constitui em uma das questões que os professores mais apontam como dificuldade para promoverem aulas efetivas: é o que eles denominam de "indisciplina dos alunos", ao declararem que "é muito difícil dar aula para alunos indisciplinados"[1], conforme afirma um professor; outro comenta, em tom de reclamação, que "os alunos não param quietos, estão sempre se agitando e cutucando seus colegas, e não é possível realizar uma boa aula com toda essa agitação".

Segundo os professores, a indisciplina dos alunos os impede de darem boas aulas, pois prejudica o seu bom desempenho, assim como resulta em os alunos não aprenderem por falta de atenção. Segundo os professores, a indisciplina em sala de aula é um fantasma que os assombra e está ficando cada vez pior, uma vez que "está ficando cada vez mais difícil manter a atenção dos alunos". Embora se reconheça a mudança psicológica e social dos desafios escolares, vale destacar que tais explicações soam em grande parte justificativa pela manutenção das mesmas condições de desempenho por esses professores e pela falta de adaptação aos novos desafios educacionais.

---

1. As afirmações apresentadas entre aspas neste texto foram recolhidas e registradas pela autora em oficinas pedagógicas que realizou com professores, em programas de capacitação profissional.

Diretores escolares, por sua vez, também apontam essa dificuldade que lhes rouba muito tempo de seu trabalho, pois são continuamente chamados por professores para o controle de disciplina de sua turma, ou então, têm que atender os alunos mandados para fora da sala, situação frequente de todos os dias.

Pesquisa sobre a percepção dos pais sobre a qualidade do ensino ofertada por escolas públicas e suas expectativas a respeito identificou que eles se sentem frustrados com as reuniões de pais que a escola de seus filhos promove, pois, segundo eles, a maioria quase que absoluta dessas reuniões (93,20%) trata de problemas de comportamento e indisciplina dos alunos em vez de realizar discussões para a melhoria da qualidade do ensino que ofertam (OLIVEIRA & GUEDES, 2010).

Também os alunos se ressentem em relação à questão da disciplina, indicando que os professores não têm controle sobre o que acontece na sala de aula, e reclamam que não podem prestar atenção no foco da aprendizagem, por causa do comportamento agitado e até agressivo dos colegas com os quais se sentem ameaçados, indicando que "há muita baixaria", que os colegas não se respeitam nem respeitam os professores. Por outro lado, no entanto, afirmam que não gostam de ser forçados a se comportar de certa forma a partir de atitude controladora e autoritária dos professores. Quando esta atitude é expressa, os alunos se sentem compelidos ou a uma atitude externa passiva e prejudicial à aprendizagem, ou a uma atitude de rebeldia e confronto, que exacerba a questão e cria um ambiente totalmente adverso não somente à aprendizagem, mas à formação dos alunos.

Tais condições são comuns e, infelizmente, existem desde longa data. Por décadas se repetem as mesmas situações, as mesmas reclamações, e que, no entanto, são mantidas pela mesma ótica de gestão e docência: o combate à indisciplina dos alunos e a expectativa de que a eles cabe, por iniciativa e orientação própria, adotar comportamentos centrados nas atividades de aprendizagem apresentadas pelo professor, que, no entanto, consistem, em geral, em contínuos monólogos ou atividades sem a devida atenção à motivação dos alunos, à estimulação de seu envolvimento, à instigação de sua curiosidade, ao despertar de seu interesse e à orientação à sua participação, mediante a ativação de seus processos mentais, com foco na resolução de problemas.

Segundo esse quadro, as condições não apenas permanecem, mas até mesmo se agravam, tendo em vista que ameaças sobre os alunos e suas estratégias para coibir comportamentos indesejáveis não surtem o efeito desejado e, pelo contrário, despertam a reação adversa dos alunos.

Apesar disso, boa parte do tempo da aula, em vez de ser dedicado ao envolvimento dos alunos em atividades mais estimulantes, é gasto em controle de disciplina. Conforme pesquisas indicam, professores gastam mais de um quarto do tempo de suas aulas chamando a atenção dos seus alunos, passando lição de moral, criticando seu comportamento, o que promove a desconcentração da atenção da turma toda do foco da aprendizagem.

Tais condições, aliás, se situam em posição diametralmente oposta ao papel da educação e das propostas e objetivos educacionais que, em última instância, é o de construir a autoridade interna e autonomia das pessoas, pelas quais as mesmas se tornam autossuficientes e capazes de assumir responsabilidades, condições que o mero autoritarismo destrói. Mediante pedagogia baseada numa visão dicotômica entre certo ou errado, baseada no princípio da certeza, o professor condiciona o trabalho do aluno a apresentar respostas e comportamentos "certos" e, portanto, preestabelecidos, que por sua fixidez matam condições essenciais da aprendizagem e formação dos alunos, como por exemplo a experimentação, o ensaio e erro, a curiosidade e a inovação, e a própria expressão pessoal que transforma os alunos em verdadeiras "panelas de pressão", prontas a explodir a qualquer momento, para alívio de sua tensão interna.

Educação e autoritarismo repressivo são, portanto, incompatíveis, por sua natureza limitadora e cerceadora. O que se deve cultivar é o sentido de autoridade, isto é, o sentido de responsabilidade demonstrada pelo professor em seu empenho por construir condições positivas em sala de aula e a lógica da disciplina, em vez da do combate à indisciplina.

Cabe trazer à baila uma questão estrutural sobre essa situação. No seu cerne está posto que por mais medidas que sejam adotadas para impedir a indisciplina o que funciona é construir a disciplina. A psicologia já identificou que maus hábitos não são erradicados – eles são substituídos por bons hábitos. Conforme reconhecido pelo filósofo francês Voltaire, a educação que transforma o ser humano, por ajudá-lo a conhecer-se e compreender-se, liberta-o de seus medos e o faz ascender a novos e mais poderosos estágios de consciência (DURANT, 1962).

Trata-se essa problemática, portanto, de uma questão de perspectiva e ponto de vista, que necessita de métodos em que os alunos possam sentir-se gente enquanto aprendem, assim como os professores como orientadores dessa aprendizagem, da qual a formação para a disciplina é elemento importantíssimo. Portanto, a ótica reativa que vem sendo adotada de longa data é não só improdutiva, como prejudicial. Para superar esta ótica, em vez de concentrar atenção e energia no controle do comportamento dos alunos, o professor dedica atenção e energia no desenvolvimento de bons hábitos, de boas práticas, na curiosidade por conhecer o mundo, na aplicação de energia pessoal em autoconhecimento e desenvolvimento de capacidades pessoais, que fazem parte do modo de ser e de fazer do professor para que sua orientação seja efetiva.

Nas escolas temos falado muito mais sobre indisciplina, que pensamos conhecer bem, do que sobre disciplina, sobre a qual pouco sabemos e sobre a qual temos percepções distorcidas e equivocadas. É comum que seja, por exemplo, entendida como comportamento social formal, ou como obediência e aceitação externa de autoridade. Vale a pena, pois, analisar o seu conceito.

1 O significado de disciplina

Disciplina é uma condição necessária para o desenvolvimento da pessoa como ser humano e social. Segundo o pensador e filósofo Voltaire, não há liberdade sem autodisciplina. Dessa condição depende toda a estruturação do que uma pessoa pode vir a ser, por sua capacidade de autocontrole, autoconhecimento, autoconfiança, autocrítica e até mesmo da autodidaxia orientada para seu desenvolvimento pessoal. Ela consiste em auto-organização e método necessário para a construção da pessoalidade; representa um processo de construção da capacidade de dar resposta apropriada à necessidade de construção pessoal em íntima interação com o contexto social humano. Portanto, está associada ao desenvolvimento da autopercepção, em relação à percepção e representação do ambiente, construção de significados, e de valoração de seus elementos, a partir dos significados a eles atribuídos.

Por conseguinte, disciplina se aprende a partir de experiências comportamentais reflexivas e formadoras de bons hábitos, além de ser um importante elemento de aprendizagem, que se promove mediante a observação, a reflexão sobre comportamentos e seu significado e sobre a repercussão destes em relação aos resultados obtidos, como condição de formação do autoconhecimento e autocontrole.

A disciplina é um elemento importante na sala de aula, mas não deve ser considerada como um elemento operacional do processo ensino-aprendizagem, uma vez que não é simples condição para que a aprendizagem ocorra, e sim um importante elemento e objeto de aprendizagem do caráter social das pessoas. Haja vista que cabe à Educação a formação pessoal, social e cultural dos alunos. Portanto, não é uma situação que se estabelece mediante a aplicação de normas e medidas reguladoras, e sim uma atitude que se desenvolve mediante o discernimento, perspicácia e observação reflexiva do professor, envolvendo os alunos nesse processo.

Logo, disciplina não é tão somente condição para que o ensino ocorra. Ela faz parte de seu processo, é inerente ao ensino como objeto de aprendizagem e se associa ao desenvolvimento de consciência ética e moral, orientada por valores que, à medida que são desenvolvidos, pressupõem o desenvolvimento da autodisciplina que, por sua vez, corresponde à autonomia, à capacidade de enfrentar desafios, de adotar posições e assumir responsabilidades. Tais aprendizagens, cabe destacar, são desenvolvidas pela vivência em ambiente do qual sua expressão faça parte. Nessa perspectiva, a disciplina precisa ser encarada como modo de ser e de fazer, uma vez que não se constrói com palavras, mas com atitudes e ações. Não se impõe disciplina, ela se instala pela vivência contínua dessa atitude e observação de atitudes e ações adequadas.

Corresponde a disciplina a um valor de convivência humana respaldada em outros valores mais elementares. Ela se constrói e se expressa coletivamente. É dinâmica, sem ser inconstante, é tolerante, sem ser negligente e condescendente. Seu mérito fundamental deve ser o de libertar e não o de escravizar. Tem o poder de equilibrar, a partir do conhecimento básico de pequenas e preciosas regras de relacionamento interpessoal e de autocontrole que exigem bom-senso, discernimento e a consciência de possibilidades e limites de comportamento. Sem essa consciência, corre o risco de ser inadequada, inconveniente e desagradável.

Equilibrando valores e emoções, a disciplina condiciona o bem-estar individual e grupal, mostrando que a organização da atividade pessoal se situa em um contexto coletivo do qual todos dependem para seu desenvolvimento.

2 A construção do ambiente de disciplina

Disciplina é, pois, condição que se constrói a partir de procedimentos educacionais formadores da consciência pelo aluno sobre o comportamento social e suas próprias emoções, necessários ao autocontrole, a partir de erros e acertos que servem para a observação, reflexão e aprendizagem orientados pelo professor. Para tanto, ela demanda a contínua observação e atenção por professores e gestores, a quem compete orientar, em vez de simplesmente coibir e punir e, sobretudo, demonstrar, por suas ações e desempenho, atitude disciplinada, isto é, organizada, expressiva de autocontrole e autoconfiança. Pois, conforme o mote latino, "as palavras movem, mas os exemplos arrastam".

Adotando-se uma perspectiva proativa, gestores e professores passam a prestar atenção aos fatores que condicionam a disciplina e a orientar a sua expressão em seu próprio desempenho. Passam, portanto, a exercer uma influência sobre os alunos, que é aceita por eles, em vez de rejeitada, como a de controle, cobrança e admoestação. Nesse processo, é recomendável que prestem atenção ao significado de comportamentos e ações dos alunos e deles próprios, de modo a aproveitar todos os eventos como oportunidade conjunta de construção do conhecimento social e interativo. Para tanto, em vez de reagir aos comportamentos dos alunos, e atuar em decorrência dessa reação, adota medidas proativas, como por exemplo:

• Reconhece que o comportamento dos alunos se caracteriza em um processo de ensaio e erro, de múltiplas motivações, dentre as quais a testagem da autoridade do professor.

• Contextualiza os comportamentos procurando entender os aspectos aos quais estão associados (metodologia da aula, atenção ao aluno pelo professor, tipo de atividade mental envolvida, forma de estimulação adotada pelo professor, nível de dificuldade da atividade etc.).

• Observa as reações dos demais alunos, se estimuladoras e de reforço ou indiferentes e de repúdio.

- Analisa os significados que atribuem aos comportamentos dos alunos e os fatos que explicariam os significados atribuídos, e a aprendizagem que essa compreensão gera.

A partir dessa compreensão, entenderão os educadores que:

- Disciplina é uma condição que se instala no modo de ser e de fazer das pessoas a partir das circunstâncias e experiências que vivenciam.

- Disciplina na escola e na sala de aula corresponde a um processo formador de consciência pessoal e social.

- A disciplina passa por uma contínua organização de processos sociais para realizar os objetivos de formação dos alunos.

- Disciplina na sala de aula é diretamente relacionada ao que o professor faz, a como se relaciona com os alunos, às atividades que promove e atitude que demonstra.

- Disciplina é organização pessoal que conduz à realização de objetivos educacionais e a formação humana.

- Disciplina é uma atitude, um processo, não um produto.

- Disciplina ocorre através do processo mútuo da interação aluno/professor e da interação de alunos entre si, orientada pelo professor.

- O comportamento dos alunos ocorre por ensaio e erro, do qual faz parte errar. O erro se constitui em circunstância de reflexão e aprendizagem e não como causa de punição e objeto de controle.

- O controle do comportamento e a imposição deste cerceiam a atividade e o uso de energia pela criança ou adolescente. Só são positivos caso sejam-lhe oferecidas alternativas motivadoras para aplicação dessa energia.

Compreendendo a importância dessas práticas e orientações, uma professora do Ensino Médio indicou: "problema de disciplina a rigor não existe, ele é criado pelo enfoque de se considerar negativos os comportamentos diferentes e de se rotular o seu emissor em consequência".

Sabe-se ser comum em escolas que, diante da presença de gestores e de autoridades, os alunos expressam comportamentos considerados ordeiros. Mas basta que virem as costas para que a balbúrdia se estabeleça. Essa condição é interpretada como motivo para indicar que os alunos são indisciplinados e que demandam controle constante. Porém, há pelo menos três questões limitadoras a serem observadas nessa situação: i) a interpretação e a conclusão se baseiam em focalização exclusiva sobre os alunos, sem levar em consideração as relações estabelecidas pelos profissionais da escola, seu papel, e sua habilidade em promovê-lo; ii) não é apenas impossível, como até mesmo inadequado, estabelecer controle o tempo todo, sob pena de não se desenvolver o necessário espírito de autonomia como elemento importante da formação; e iii) o exercício do controle com o fim coercitivo gera a vontade e impulso pelos jovens de burlá-lo, observando-se que o aluno que melhor consegue fazê-lo passa a ser o herói da sua turma, o que, por sua vez, funciona como elemento reforçador do comportamento de transgressão, ao mesmo tempo em que sugere que o aluno que realiza atos considerados desafiadores da autoridade do professor o faz, muitas vezes, expressando uma vontade coletiva da turma de expressar sua satisfação em relação às aulas e ao relacionamento professor/alunos.

Pelo desenvolvimento da consciência moral e ética, as crianças e os jovens vão superando o domínio do seu ego e desenvolvendo a consciência social necessária para que cumpram normas e leis não porque são impostas, mas porque as compreendem e as adotam como condição para o bem-estar e o bom aproveitamento das experiências coletivas de todos. Tal condição ocorre quando os alunos são considerados como pessoas. Destaca-se também que a dinâmica da sala de aula e o espaço se constituem em importantíssimo ambiente para essa fundamental experiência das crianças e jovens, no sentido do desenvolvimento da verdadeira cidadania. Para tanto é necessário que os alunos, assim como as famílias, sejam incorporados num grande movimento e sistema formativo em que a observação, a reflexão e a decisão sobre uma dinâmica escolar sejam processos abertos à autocrítica, assim como orientados pelo espírito da colaboração, troca e reciprocidade.

Metáfora do jardim e do jardineiro

O jardineiro só se conhece e se explica pelo jardim que planta e cultiva, pelo gosto em manter suas plantas saudáveis e bonitas e pelo zelo em controlar as condições que interferem e prejudicam o seu crescimento. Há jardineiros, porém, que não se sentem responsáveis pelo que acontece em seu jardim, deixando de tomar providências que podem contornar dificuldades. Justificam-se afirmando que não controlam os fenômenos atmosféricos que influenciam e interferem no crescimento das plantas, e até se desanimam pelas "ervas daninhas que o vento traz" e nada podem fazer contra o ataque dos insetos e passarinhos. O verdadeiro jardineiro, porém, observa o crescer das plantas, as condições mais favoráveis para esse crescimento e adota medidas para garantir melhores resultados.

É importante considerar que os alunos gostam, sim, de ordem e organização, e gostam também de sentir que o professor tem domínio sobre o que acontece na sala de aula, que são capazes de liderar a turma, mediante a constituição de um ambiente participativo, produtivo e focado na aprendizagem. Esses resultados são conseguidos mediante gestão de processos sociais na sala de aula que se assenta sobre competências de comunicação, relacionamento interpessoal e liderança do professor, dentre muitas outras relacionadas ao seu domínio pedagógico e formação educacional.

Vale dizer que a aprendizagem é uma atividade de natureza não apenas pedagógica, mas psicossocial, que demanda competências especiais do professor na gestão da comunicação, do relacionamento interpessoal e da dinâmica de grupo, tendo por foco a aprendizagem e formação dos alunos. Ao mesmo tempo não se deve esperar que crianças e adolescentes sejam naturalmente e espontaneamente capazes de se "comportar como manda o figurino". Eles estão na escola também para aprender comportamentos sociais e de interação com adultos e colegas, sendo natural ocorrer, no desenvolvimento de sua identidade pessoal, a expressão de comportamentos por vezes fora dos limites e dos códigos considerados adequados para o processo educacional.

Como seria então a atitude dos professores diante desse desafio? Não se trata de uma questão simples, com fácil resposta. Trata-se de uma questão complexa com vários desdobramentos que fazem parte do repertório da gestão do processo ensino-aprendizagem, passando pelas competências psicossociais do professor e sua capacidade de observação, perspicácia e discernimento.

Tais competências se assentam sobre a definição de que seu papel não é o de reprimir a "indisciplina", pois, como energia, não é reprimível; mas canalizar e transformar a energia para questões produtivas e facilitadoras da aprendizagem e, dessa forma, construir um ambiente de disciplina formador de comportamentos concentrados na aprendizagem.

3 O processo contínuo de desenvolvimento da disciplina

Cabe destacar que a disciplina se constitui em uma forma de comportamento que revela o autocontrole e a aplicação de energia focada na produção de resultados desejados. Disciplina, portanto, não se refere simplesmente a comportamentos externos, mas, sobretudo, e antes de mais nada, a comportamentos internos, que envolvem o autocontrole de emoções e de impulsos, necessários à concentração mental e à predisposição psicomotora e sua alocação nas atividades de aprendizagem. Esses comportamentos não são eventuais, e sim dependem da formação de hábitos que demandam a participação consciente e volitiva dos alunos.

A disciplina se desenvolve em sala de aula desde os primeiros anos de escolaridade e já nas primeiras aulas do ano letivo, a partir da valorização e consideração do aluno como pessoa e de cada momento da interação professor/aluno com foco na aprendizagem que os alunos vão construindo. Ela é facilitada na medida em que o professor providencia, a todo e a cada momento, que o aluno tenha clareza do porquê e para que estão aprendendo certos conteúdos e processos e qual sua relação com a realidade; que se envolva em atividades dinâmicas, vinculando-os a condições concretas da vivência e da realidade fora do mundo escolar.

É importante ter em mente que tudo que tem um significado pessoal oferece motivação para ser aprendido e estimula o interesse por parte do aluno, de modo que mais naturalmente se dedica a aprender, canalizando sua atenção ao seu foco. Dessa forma, deixa de ser distraído para os desvios de atenção e comportamento desconcentrado. Bons hábitos educacionais necessitam ser desenvolvidos desde os primeiros anos de escolaridade, as primeiras aulas do ano letivo, e os momentos iniciais de cada aula, para que sejam incorporados no modo de ser e de fazer educacional adotado na sala de aula e na escola. Daí a necessidade de o professor dedicar especial atenção e cuidado na organização e orientação de seus alunos em atividades produtivas em todos esses momentos.

A respeito dessas questões, uma professora afirma: "[...] não podemos esperar que os alunos concentrem sua atenção nas atividades de aprendizagem se elas não forem estimulantes. Sempre presto atenção, quando preparo minhas aulas, em como criar uma situação que instigue a curiosidade dos alunos e mobilize sua atenção. A partir daí, as coisas começam a acontecer e os alunos se sentem bem e canalizam sua energia em algo produtivo". A professora reconhece que um bom plano é uma excelente preparação de uma boa aula, mas que para além do planejamento é fundamental que o professor esteja atento à dinâmica dos alunos na aula e continuamente atue para a canalização da mesma aos objetivos de aprendizagem, controlando e orientando as condições de desvio.

Como a disciplina corresponde à consciência do respeito por si mesmo e pelo outro, trata-se de exercício humano apreendido no contexto social, em caráter de reciprocidade. São aprendidos pelos alunos mediante respeito, consideração e cordialidade expressos pelos adultos, sobretudo pelos professores. Portanto, o modo de ser e de fazer do professor na sala de aula e no ambiente escolar é fundamental para a orientação do aluno na formação da responsabilidade.

Em consequência, a gestão da sala de aula envolve a constituição de uma cultura em que professor e alunos – mediante a orientação docente e exemplo atitudinal pelo professor – se dedicam ao exercício de concentrar suas energias e atenção às condições pessoais necessárias à realização de experiências positivas de aprendizagem e seus resultados. Essa condição demanda compreensões, habilidades, atitudes e esforços por parte do professor, qualificados pelo reconhecimento de aspectos do seu próprio desempenho e da dinâmica do processo ensino-aprendizagem, necessários para a realização da gestão docente: i) na prática do professor estão as bases da mudança que pretendem alcançar; ii) alunos respeitam professores seguros, confiantes e competentes em seu trabalho; iii) não se controla os alunos, e sim a situação em que eles estão envolvidos. Portanto, a boa gestão pedagógica na sala de aula exercida pelo professor se assenta no contínuo desenvolvimento de suas competências.

4 Na prática do professor estão as bases da mudança que pretendem

A constituição de um ambiente de sala de aula caracterizado pela natureza educacional, saudável, de respeito e comunicação e relacionamento interpessoal positivos começa com as atitudes do professor, cujo papel é o de dar a tônica das características de comportamento e desempenho, pelo seu próprio exemplo, na sala de aula. Nessa atuação é essencial atuar com os alunos expressando o significado e a importância do respeito, da ética e do controle das próprias emoções, por meio de ações, e não pelo discurso, já que é fundamental que o professor modele o desempenho orientado para a aprendizagem pela focalização positiva de energia, desde os pequenos atos.

Conforme um professor afirmou: "para trabalhar com um grupo de alunos com disciplina é necessário que se desenvolvam atividades envolventes e estimulantes, nas quais todos sintam a necessidade de atuar cooperativamente para haver compreensão e aprendizagem. Há também que se envolver afetivamente com o grupo e desenvolver a responsabilidade e a necessidade de ter disciplina, sossego e calma para se alcançar um determinado objetivo".

Professores que conseguem melhorar o desempenho de seus alunos são aqueles que observam a relação entre suas próprias práticas e seu modo de ser e de fazer, assim como o modo como os alunos agem e reagem. Mediante o cuidado de controlar seu tom de voz, seus gestos, seu olhar, conseguem melhorar resultados.

A disciplina está diretamente ligada às atividades interativas entre professor e aluno mediante a consciência do respeito e limites ao convívio social equilibrado por esse respeito, assim como a concentração da atenção e da energia ao foco da aprendizagem, mediante processos ativos e envolventes. Conforme indicado anteriormente, regras de comportamento utilizadas de forma autoritária e policialesca pelo professor sobre as atitudes dos alunos não são efetivas, do ponto de vista da formação dos alunos, pois despertam neles, muito comumente, a vontade de desafiá-las, por a reconhecerem como uma determinação autoritária do professor, ditada por sua vontade e a serviço de seu interesse pessoal. Quando, porém, os alunos são envolvidos na construção de códigos de conduta para a construção de um ambiente de cidadania, marcado pelo espírito participativo e coletivo de aprendizagem, passam a se sentir responsáveis por ele, sentem-se compromissados em cuidar de seu próprio comportamento e entendem que são beneficiados com essa prática, na qual sentem o comprometimento do professor com sua formação. Dessa forma, alunos e professores podem crescer juntos em conhecimento, ou seja, aprendendo significativamente.

5 Alunos respeitam professores seguros, autoconfiantes e competentes em seu trabalho

Um princípio fundamental do desenvolvimento humano e do processo educacional é o de que não se pode influenciar com efetividade o comportamento dos outros adotando-se comportamentos diferentes daqueles pretendidos. Por exemplo, não se consegue que uma pessoa aprenda a falar baixo e passe a adotar esse comportamento a partir da influência de alguém que grita para que o faça; não se obtém a mudança de comportamento desorganizado, senão pelo exemplo da organização. Igualmente, portanto, o desenvolvimento da concentração da energia e da prática de comportamentos considerados como expressão da disciplina na sala de aula se constrói mediante a criação de ambiente em que estes comportamentos são praticados pelo professor: respeito pelo próximo, tom de voz acolhedor e amistoso, capacidade de interagir com calma e tranquilidade, equilíbrio emocional, cordialidade, pontualidade, concentração nas atividades da turma, foco em sua aprendizagem, dentre muitos outros aspectos.

Ao professor cabe cuidar de sua expressão corporal e verbal, de modo a passar confiança, assertividade, espontaneidade e bem-estar voltados para o trabalho de aprendizagem. Hesitações, indecisões, expressões agressivas ou irônicas, tom de voz irritado e autoritário, podem representar espaço de testagem e disputa pelos alunos do controle sobre o que acontece na sala de aula, de que resulta perda de controle pelo professor e contribuem para que os alunos assumam o controle e liderem o clima da sala de aula (ROGERS, 2008), criando uma situação geral de indisciplina.

A disciplina está indiscutivelmente associada à competência do professor. Denota organização, responsabilidade e persistência orientados por princípios educacionais consistentes, habilidades de comunicação e de relacionamento interpessoal, gestão de dinâmica de grupo, dentre outros aspectos, assentados sobre domínio de conteúdo e metodologias ativos de ensino, além de atitudes pessoais de respeito, solidariedade, sensibilidade e gosto por aprender. Todo trabalho consciente necessita de disciplina para atingir os objetivos a que se propõe. O bom professor "conquista" a disciplina através da sua competência e capacidade de trabalhar com os alunos, construindo um ambiente marcado pela responsabilidade de cidadania e pela vontade de conhecer o mundo e conhecer-se no mundo.

6 Não se controla os alunos, e sim a situação em que estão envolvidos

É comum o entendimento de que disciplina garante-se pelo controle dos alunos. Um diretor comentou negativamente sobre o desempenho de alguns professores da sua escola, que, segundo ele, não tinham controle sobre suas turmas. Ao fazer tais comentários, indicava como modelo um professor específico com o qual "não precisava se incomodar, porque em suas aulas ninguém piscava", conforme afirmara. Este professor "mantinha sua turma disciplinada". "A única coisa que competia com sua voz eram as moscas", explicava o diretor. Uma situação inusitada, não acha? –

Como os alunos conseguem ficar sem conversar e sem interagir com seus colegas ou com o próprio professor? Como promover a formação dos alunos para a responsabilidade mediante a pedagogia da submissão? A respeito deste professor, no entanto, os alunos afirmavam que contavam os minutos para a aula acabar, detestavam as aulas e estudavam só para não serem reprovados; também informaram que extravasavam a energia reprimida nas aulas dos professores seguintes, que tinham uma dificuldade extra com a disciplina da turma. Portanto, o "bom professor" gerava uma situação que deveria ser levada em consideração no julgamento da problemática. Vale dizer que o que é observado em relação ao desvio do comportamento desejado é muitas vezes causado por situações outras adjacentes, que devem ser examinadas e modificadas.

A questão aponta para o fato de que o importante não é controlar o aluno e seu comportamento, tornando-o estático e mecânico, e sim orientá-lo, e canalizá-lo mediante o seu envolvimento positivo em atividades nas quais concentre suas energias, de forma interativa, a fim de que aprenda a utilizar produtivamente as suas energias. Portanto, o professor torna efetivo seu trabalho pedagógico organizando criativamente as atividades dos alunos de modo a mobilizar seu interesse e atenção; controlando as situações que podem gerar desvios indesejáveis de comportamento, prevenindo-os. Mediante um bom planejamento de aula, que abrange a seleção de experiências interessantes e estimulantes, a identificação de perguntas reflexivas, a variação da situação de estímulo, a realização de exercícios de aplicação e de revisão e reforço, o relacionamento interpessoal mantidos com os alunos, a adequação de sua comunicação, dentre outros aspectos, o professor oferece aos seus alunos práticas educacionais favoráveis à sua aprendizagem e formação.

Os alunos atuais não têm muito medo de repreensões; as sanções disciplinares não os amedrontam tanto. Os professores que contribuem para a construção da disciplina, ao invés de simplesmente impô-la, têm uma resposta mais rápida e duradoura no relacionamento com seus alunos e nos resultados do processo ensino-aprendizagem. Mediante a disciplina construída e aprendida, pratica-se trabalho educacional de qualidade, o que não se alcança com a imposição ou repressão que geram a dissimulação, acomodação ou revolta, todos comportamentos prejudiciais à formação dos alunos.

Mais aspectos são envolvidos nesse processo e podem ser explorados pelo professor *na* construção de sua competência e *para* a construção de um ambiente em que professores e alunos trabalhem com espírito de compromisso com o desenvolvimento de aprendizagens significativas.

7 Disciplina não se constitui em um episódio ou evento, e sim em uma dinâmica e movimento

Uma das circunstâncias mais comuns na dificuldade dos professores em realizar experiências de aprendizagem de forma organizada, com a atenção dos alunos focada nesse processo e seu objeto, é considerarem como "indisciplina" situações de desvio comportamental em relação a suas expectativas e a normas comportamentais definidas (em vez de parâmetros de orientação), vendo-as como episódios pelos quais os alunos diretamente envolvidos são exclusivamente responsáveis.

A disciplina escolar não pode ser uma condição apenas almejada pelo professor como resultado de características individuais dos alunos, mas sim uma condição construída em processo de natureza social, que apresenta vários desdobramentos e situações diversas, nem sempre favoráveis e satisfatórias, do ponto de vista do professor, mas que fazem parte do processo socioeducacional. Trata-se de comportamento humano processual, circunstancial e evolutivo, marcado por altos e baixos, por tensões e distensões, por entendimentos e desentendimentos, compreensões e incompreensões, enfim por contradições a serem observadas, compreendidas e superadas mediante a orientação do professor como parte de um movimento formativo. Esse processo de interação entre professor e aluno, quando marcado pela reflexão e *feedback*, promove ganhos de amadurecimento significativos do ponto de vista educacional.

> Observadores de práticas de sala de aula têm identificado que cerca de um quarto de tempo de aulas assistidas é dedicado a pedir silêncio, a chamar a atenção de alunos e a comentar sobre a inadequação de seu comportamento, "a passar lições de moral", "a reprimir comportamentos".
>
> Mediante essa atuação reativa, focalizam a atenção da turma para o comportamento negativo, em vez de para o objeto da aprendizagem, e dessa forma deixam de construir clima e ambiente propício à aprendizagem, que demanda visão proativa.

A perspectiva processual aponta para a necessidade de o professor adotar alguns cuidados, como por exemplo:

- Adotar uma perspectiva proativa em relação aos comportamentos limitados e insatisfatórios, acolhendo-os e considerando-os como ponto de partida para a aprendizagem e desenvolvimento.

- Evitar a rotulação de comportamento de alunos, que apenas os reforça e provoca mais reações negativas.

- Contextualizar os comportamentos dos alunos, identificando as condições e situações que os favorecem e condicionam, inclusive e sobretudo a metodologia de ensino adotada e a relação entre professor e aluno.

• Analisar as suas atitudes pessoais, a organização e dinâmica da sua aula, a relação entre as mesmas e o comportamento dos alunos.

• Identificar comportamentos e desempenhos limitados e não efetivos, assim como condições que possam favorecer a aprendizagem a partir dos mesmos e a sua superação para a formação em estágios mais efetivos.

• Observar a dinâmica do relacionamento entre os alunos e sua evolução.

• Oportunizar aos alunos o envolvimento ativo em experiências de resolução de problemas e exercício da criatividade e iniciativa.

Nesse conjunto de atenções e cuidados é importante ter em mente que o comportamento é circunstancial e eventual, em vista do que deixar que se repitam comportamentos inadequados, sem a reorientação das circunstâncias que os facilitam, permite que eles progridam, proliferem e sejam reforçados, em cujo caso as vítimas da omissão docente passam a ser consideradas culpadas das omissões e falhas do desempenho do professor.

8 Disciplina é resultado de relações interpessoais que ocorrem na escola e na sala de aula

Uma professora participante de uma oficina sobre disciplina na sala de aula registrou: "disciplina em sala de aula seria algo mais fácil e natural na medida em que reconhecêssemos o aluno como uma pessoa dotada de sentimentos e, portanto, com o direito de ser respeitado e ouvido. A disciplina não acontece por imposição de autoridade, mas por cumplicidade de ser humano com o outro. A percepção dos limites viria da percepção do outro. A questão é: Como se desenvolve ou se resgata no aluno essa dimensão da relação EU/TU? Como se exercita o respeito, o olhar, a sensibilidade, o cuidado com o outro?"

Esse questionamento da professora surgiu a partir do entendimento de que a característica mais importante do processo ensino-aprendizagem liderado e orientado pelo professor é a relação interpessoal entre professor e alunos, pela qual se transmite valores, atitudes e expectativas, e se constrói o entendimento de quem somos como pessoas, quais os nossos compromissos e qual o nosso verdadeiro exercício em relação aos mesmos. Conforme Carl Rogers (1987, 1997) afirmou, educação é processo de relacionamento interpessoal e, portanto, condição fundamental para o desenvolvimento de seres humanos. Sem esse entendimento não se pode ter educação, e sim apenas instrução e treinamento, condição em que os computadores podem ser mais efetivos.

É importante reconhecer que a dimensão do relacionamento interpessoal torna o professor não apenas insubstituível, mas imprescindível, assim como expressa a medida em que a educação é um processo humano. Na proporção em que se desconsidera ou abdica dos cuidados necessários para a construção de relacionamentos humanos – que devem ser autênticos – é que se pode considerar ser o professor melhor substituído por meios da tecnologia. Estes, então, ganham uma dimensão de importância diferente, deixando de ser o que deveriam ser: ferramentas de apoio nas mãos de bons professores, e transformando-se, inadequadamente, em centro do processo de ensino.

A sala de aula é um ambiente de relacionamento entre professor e alunos e de alunos entre si, cuja qualidade está relacionada à motivação do aluno para a aprendizagem, a constituição de ambiente propício para tal fim, assim como o atendimento de algumas de suas necessidades básicas, como por exemplo, a de pertencer, de ser aceito, estimado e valorizado como pessoa, dentre outras necessidades relacionadas à natureza humana como ser social, que se realiza em interação com seus semelhantes, conforme será analisado mais adiante.

O atendimento a essas necessidades é realizado pelo professor com um conjunto de cuidados simples, mas importantes, como por exemplo:

- Dirigir-se ao aluno pelo nome, o que o leva a conhecer todos os alunos em sua identidade pessoal, em vez de por número de chamada.

- Criar oportunidades para que todos os alunos se expressem, façam perguntas, apresentem sua perspectiva e suas dúvidas sobre o que se está tratando.

- Criar condições para a interação entre os alunos, de forma organizada.

- Integrar em atividades coletivas os alunos que muitas vezes ficam isolados.

- Dirigir-se aos alunos olhando nos olhos e procurar olhar para todos eles.

- Conhecer os interesses dos alunos.

- Estabelecer contato com os alunos que tendem a ficar mais isolados.

Verifica-se que, em uma turma de alunos, os mesmos apresentam variação de aptidões, de estilos de aprendizagem e de necessidades de desenvolvimento. Para ensinar eficazmente cada aluno o professor necessita variar métodos de orientação de aprendizagem e dirigir-se às necessidades diferentes tanto do grupo como de cada aluno individualmente considerado. Em vista disso, cabe ao professor variar a estimulação e orientação da aprendizagem, de modo a manter os alunos envolvidos ativamente no processo e os orientar para a aprendizagem plena.

Joe Capistro

É importante que o professor realize experiências educacionais em que observe essas condições e construa, concomitantemente, sua lista própria de cuidados e de ações que podem contribuir para o desenvolvimento na sala de aula de uma cultura de acolhimento e participação, e trabalho coletivo marcado por interações interpessoais positivas e formadoras de hábitos favoráveis à aprendizagem.

Também é importante ter em mente que o respeito entre professor e alunos e dos alunos entre si corresponde a uma circunstância que demanda reciprocidade, cujo exemplo, orientação e liderança cabem ao professor, a quem compete orientar a formação dos alunos, que ensaiam comportamentos para experimentar seus limites, testar os professores e também para ventilar suas frustrações, ansiedades e medos.

As aulas, como processo de aprendizagem significativa, correspondem a circunstâncias socioeducacionais pelas quais os alunos, quando têm a oportunidade de interagir de forma dinâmica, proativa e contínua, desenvolvem competências sociais importantes, tanto para a criação de condições básicas da cultura de aprendizagem como para o desenvolvimento de competências que necessitam para a vida, como por exemplo a canalização de energia pessoal em atividades positivas, a resolução de problemas de forma participativa, a capacidade de integrar-se a uma dinâmica comum de atividades coletivas, dentre outros aspectos.

9 Motivação e disciplina são aspectos correlacionados

Sabe-se que a disciplina é constituída e desenvolvida, na medida em que o aluno esteja envolvido e motivado nas experiências de aprendizagem. Porém, é importante levar em consideração que a motivação, embora seja um elemento interior em relação ao aluno, é uma condição estimulada e orientada externamente pelo professor, sendo totalmente inadequado esperar que o aluno apresente espontaneamente essa motivação. É fundamental entender que a motivação das crianças e jovens necessita ser estimulada, instigada, orientada e ativada, mediante experiências interessantes segundo a perspectiva dos alunos. Como ela não se mantém constante e de uma vez por todas, é necessário que essa atenção seja contínua no processo ensino-aprendizagem, o que demanda a perspicácia e sensibilidade do processo em relação ao aluno e sua criatividade pedagógica.

A disciplina está diretamente vinculada às condições motivadoras que o professor providencia o tempo todo em cada aula, e que dependem de habilidades docentes diversas, promotoras da ativação mental dos alunos, como por exemplo, as que se referem a:

- Organizar o contexto lógico e psicológico da aprendizagem.

- Estabelecer conexão entre o seu objeto e a vivência dos alunos.

- Ilustrar com exemplos os conceitos aprendidos.

- Suscitar a exemplificação pelos alunos.

- Fazer perguntas reflexivas e problematizadoras.

- Suscitar perguntas pelos alunos.

- Devolver à classe perguntas feitas pelos alunos, estimulando a interação entre colegas e o seu envolvimento na dinâmica da aula.

- Variar as estimulações de aprendizagem com dinâmicas de interação, trabalho de grupo, trabalhos individuais e ensino expositivo dialogado.

- Estabelecer a organização lógica do conteúdo de aprendizagem, em acordo com o nível de desenvolvimento dos alunos.

- Monitorar a compreensão pelos alunos sobre o objeto das aulas.

- Dar aos alunos a oportunidade de participação no desenrolar de análises e observações sobre os objetos de aprendizagem.

GESTÃO DO PROCESSO DE APRENDIZAGEM PELO PROFESSOR

• Atuar como mediador de processos de observação e experimentação em que o aluno seja descobridor de significados.

Dessa maneira, tendo alunos mais participativos, tem-se mais foco na aprendizagem e mais participação, pois os alunos estarão canalizando positivamente suas energias. Nessas circunstâncias, pode-se dizer que há um processo educacional voltado para a realização de aprendizagens significativas.

> Conforme depoimento de uma professora: "Quando nós [professores] demonstramos aos alunos que gostamos do que fazemos, nos esforçamos para tornar nossas aulas interessantes, prestamos atenção a todos os alunos e nos empenhamos por mantê-los atentos e dinamicamente envolvidos nas aulas, então temos aulas interessantes e alunos interessados. E se há interesse, há motivação e há disciplina".

IV
O atendimento a necessidades educacionais dos alunos na sala de aula

1 A atenção ao aluno como pessoa

Organizar grupos de alunos em classes é uma condição fundamental para que se promova uma importante dimensão da educação: a socialização de alunos, que corresponde à promoção de condições para que eles aprendam e desenvolvam competências sociais, na interação orientada e organizada com seus pares, com um propósito comum entre eles. Essa organização em turmas ou classes corresponde, portanto, não à massificação ou tratamento de todos os alunos da mesma forma, tal como, no entanto, é comum observar, pelo entendimento de que a questão é meramente econômica.

Constitui-se a organização de turmas em um importante elemento educacional desde que assim seja considerado e explorado, mediante a articulação entre as dimensões pessoais e as sociais dos alunos. A pedagogia educacional, necessariamente, considera os grupos como elementos em que são atendidas importantes necessidades de desenvolvimento dos alunos como pessoas e seres sociais. Portanto, essa pedagogia não é a mesma da pedagogia da fábrica, que responde da mesma forma a todas as peças, como objetos inanimados que são, e por isso passíveis de serem simplesmente moldados. Ela é uma pedagogia centrada no aluno como pessoa, utilizando a metodologia da interação interpessoal.

Verifica-se recentemente no Brasil, a exemplo do que acontece em outros países, que pais insatisfeitos com o trabalho educacional das escolas estão retirando seus filhos dos estabelecimentos de ensino e os ensinando em casa. Em matéria publicada por Holanda (2012) é registrada a existência no Brasil de uma Associação Nacional de Educação Domiciliar (Aned) para integrar esses pais. O artigo indica que em Minas Gerais somente há mais de 200 famílias educando seus filhos em casa. A insatisfação pelo modo como a educação é promovida na escola refere-se, dentre outros aspectos, à falta de segurança e de consideração com as diferenças individuais e ao ensino mecânico e pouco estimulante.

Um jovem que está estudando em casa aponta que, nesta nova experiência, orientado pelos seus pais, é levado a se tornar mais responsável pelos seus estudos e pesquisas, uma vez que na escola as práticas de aprendizagem tendem a ser mais repetitivas e mecânicas, centradas no professor: "na escola, você fica mal-acostumado. A professora escreve o conteúdo no quadro e você só copia no caderno". Seu irmão indica que: "[na escola] é como se fosse uma linha de produção, com todos aprendendo as mesmas coisas, no mesmo ritmo".

Há críticas à falta de criatividade, de estimulação para pensar e debater, de ter a oportunidade de explorar novas ideias e perspectiva, de participar e de sentir-se gente, de ser considerado como pessoa. Uma mãe que passou a ensinar os seus filhos em casa afirma que, em vez de os alunos aprenderem na escola uma socialização saudável, são submetidos ao *bullying* dos colegas, à domesticação pelos professores e a responderem mecanicamente ao que é ensinado, sem espaço para a participação criativa e inteligente na resolução de problemas e desenvolvimento interativo dessas habilidades.

Essa situação merece atenção e ela corresponde a uma preocupante evidência de que há problemas na escola e que a dinâmica da sala de aula tem deixado a desejar e merece ser cuidadosamente revista. Levando-a em consideração, porém, é fundamental ter em mente que em vez de discutirmos "se" os pais têm o direito ou não de retirar seus filhos da escola para os educar em casa, devemos discutir por que essa situação está acontecendo e o que precisa ser corrigido na escola, na sala de aula e na relação família-escola, a fim de que se possa trabalhar melhor formação para os alunos, promovendo a integração família e escola. Portanto, no componente dessa problemática, destaca-se a gestão da sala de aula como carente de sérias e consistentes considerações, a partir do entendimento de que os alunos são pessoas em desenvolvimento e que vão para a escola a fim de serem orientados nesse processo, como seres sociais, em todas as suas dimensões humanas. Como seres humanos considerados em sua plenitude, os alunos necessitam conviver com grupos sociais, interagir e aprender competências sociais fundamentais para sua efetividade e desenvolvimento como pessoa.

Um dos aspectos básicos a ser analisado em torno da questão é considerar que o papel da escola não é apenas o de ensinar lições reduzidas de Português, Matemática, Ciências, História e Geografia, dentre outras matérias, mas sim o de desenvolver competências sociais e pessoais, e habilidades de resolver problemas a partir do raciocínio na língua materna, raciocínio matemático e científico, compreensão da cultura, política e economia a partir da história e geografia. Essa aprendizagem demanda o desenvolvimento de processos mentais estimulados e cultivados social e participativamente, mediante atividades individuais e em grupo.

Segundo esse entendimento, a sala de aula é espaço de interação e comunicação dinâmica sobre os objetos de aprendizagem em que o aluno é colocado como centro e não a matéria, que se constitui no meio para o seu desenvolvimento. Por conseguinte, mediante essa compreensão, o professor se torna mais efetivo, ao organizar as suas aulas e ao promovê-las, tendo em mente a prática de certos aspectos básicos:

• Colocar o aluno como centro do processo de aprendizagem, como um ser humano e social em desenvolvimento.

• Promover atividades em que os alunos são envolvidos dinamicamente na resolução de problemas com seus colegas.

• Promover a dinamização participativa de processos mentais, como por exemplo: observar, analisar, comparar, classificar, deduzir, diferenciar, inferir, sintetizar, avaliar, dentre outros.

• Envolver os alunos em grupos de análise, discussão e reflexão sobre diferentes aspectos de problemáticas e variação dos mesmos, de modo a compreender diferentes perspectivas e pontos de vista da realidade.

• Variar os métodos de ensino em cada aula, de modo a equilibrar o desenvolvimento de responsabilidade individual do aluno por sua aprendizagem (método do ensino individualizado), desenvolvimento de competências sociais e de resolução de problemas de forma interativa (método do ensino socializado) e desenvolvimento de competências de raciocínio, compreensão de informações verbais, associação de diferentes informações entre si, pela demonstração interativa (método do ensino expositivo dialogado).

• Explorar situações e condições para que na sala de aula cada aluno se sinta considerado como pessoa, e que lhe sejam oferecidas as oportunidades e orientações para o atendimento de suas necessidades humanas pessoais e sociais.

A educação, com esta perspectiva, é, portanto, mais do que o processo de instrução e treinamento sobre aspectos específicos relacionados a matérias de estudo. É processo de comunicação e relacionamento interpessoal que envolve dinamicamente professores e alunos na análise, discussão e reflexão sobre fatos, conceitos, processos, de modo a compreendê-los, fazer generalizações e estabelecer bases para aprendizagens mais complexas e para se posicionar e atuar como pessoas responsáveis e conscientes diante da realidade.

Sabe-se que a aprendizagem é uma experiência pessoal intimamente relacionada a um conjunto muito grande de fatores da vivência pessoal do aluno, dentre os quais suas características e necessidades pessoais das mais variadas ordens, envolvendo as físicas, emocionais e sociais, de grande repercussão no processo de formação e aprendizagem. Falar sobre necessidades educacionais dos alunos representa considerá-los como pessoas e adotar essa consideração como ponto de partida do trabalho educacional, assim como assumir o seu desenvolvimento como diretriz do mesmo.

Como a aprendizagem é um processo pessoal, mesmo numa turma com certo número de alunos, os mesmos devem ser considerados individualmente, dado que cada ser humano é um ser único, dotado de talentos próprios. Não se pode tratá-los do mesmo jeito, sob pena de falhar explicitamente no trabalho educacional a que os professores e a escola se dedicam. Porém, é também um processo social, até mesmo para atender a importantíssima dimensão social do ser humano, e construção de sua identidade pessoal e como cidadão.

> Assim como dois corpos não ocupam o mesmo espaço, duas pessoas convivendo no mesmo ambiente e sujeitas às mesmas estimulações não as percebem da mesma forma, e não aprendem do mesmo modo.

Apesar desse entendimento, verifica-se que na escola e em suas salas de aula, de modo geral, professores ainda adotam como ponto de partida para a orientação do planejamento de seu trabalho pedagógico o foco no conteúdo e na realização de atividades e a consideração ao conjunto de alunos como uniformes. Em vista desse enfoque, o sucesso da gestão pedagógica é medido muito mais pela realização de projetos e de atividades independentemente de seus resultados pessoais do que pela aprendizagem e formação individual dos alunos, como ponto de partida e de chegada. Portanto, na organização do trabalho escolar, por incrível que possa parecer, raramente adota-se como efetiva e genuína orientação básica a aprendizagem e formação pessoal do aluno, como um processo de desenvolvimento humano de forte dimensão social, levando-o em consideração como pessoa, com necessidades básicas a serem atendidas para a sua formação.

Algumas expressões do discurso de planos de educação e ensino expressam orientação, contrária a tais práticas. Observa-se que não chegam a implementá-las com efetividade, podendo-se atribuir a essa situação a falta de consideração às necessidades pessoais e educacionais dos alunos e de adotar medidas, atitudes e métodos compatíveis com essa consideração. Em vista disso, julgamos importante o seu estudo e entendimento por professores e gestores escolares e educacionais, o que é promovido nas redes de ensino e escolas onde se observam esforços para reverter as limitações apontadas.

2 Necessidades educacionais dos alunos

Por que pensar em necessidades educacionais dos alunos? Não fica implícito no trabalho da escola que ela se dedica ao atendimento das necessidades educacionais? Por que tratar desse assunto se já se tem um entendimento implícito no processo pedagógico, das necessidades dos alunos? Por que mais esta responsabilidade sobre a escola? É mais uma novidade e um acréscimo ao trabalho da escola?

Questões como estas, apresentadas por professores, algumas vezes até mesmo sugerindo uma reação de estranheza e rejeição a uma proposta de se considerar as necessidades educacionais dos alunos como inerentes a sua formação, tendem a ocorrer em contextos educacionais onde se explica índices de reprovação e desistência elevados, e, por consequência, onde não se tem a sua formação e sua aprendizagem como o foco principal do trabalho escolar.

Acrescente-se ainda que também se encontra nessas escolas uma baixa motivação para ensinar e aprender, e expectativas baixas dos professores em relação à aprendizagem em crescentes graus de complexidade. Nessas escolas, o fracasso escolar é exclusivamente considerado como resultado das características dos alunos e suas condições de vida. Nesses ambientes se observa muitas vezes uma orientação burocrática ao trabalho escolar, em que aulas são dadas, o programa é cumprido, e o aluno é que deve se ajustar às aulas e ao trabalho do professor e não o contrário. Apesar disso, afirma-se nessas escolas que elas existem para o aluno, o que corresponde a um discurso formal sem relação com a prática.

Nos estabelecimentos de ensino onde de fato se tem consciência de que eles existem para o aluno e para a promoção de sua formação e aprendizagem, e onde se atua de acordo com essa consciência e se reconhece que os alunos são seres humanos singulares movidos por necessidades humanas e educacionais, cujo atendimento é fundamental para seu desenvolvimento, tem-se um ambiente efetivamente educacional e nele todos os alunos alcançam o melhor nível possível de realização, desenvolvendo gosto pela aprendizagem, hábitos de estudo e responsabilidade por este processo.

Portanto, evidencia-se como fundamental aos profissionais da educação dedicar atenção sobre essa questão e tempo qualificado ao seu atendimento, como condição para a melhoria do seu desempenho.

Em geral, costumamos promover o processo educacional a partir de políticas educacionais, programas, projetos e planos, e determinar a efetividade de seu trabalho pela verificação na medida em que realiza o que fora determinado nessas esferas. Tais proposições, porém, comumente são definidas a partir de proposta curricular em que a dinâmica do processo pedagógico deixa de ser o fulcro condutor e por isso deixam de explicitar de forma clara a consideração real e explícita com o desenvolvimento do aluno, suas necessidades e reações e interações no processo pedagógico como o foco central do trabalho educacional.

Vale dizer que nessas circunstâncias o planejamento é realizado por uma lógica racional e impessoal, em vez de pela lógica circunstancial, dinâmica, pessoal e interativa, como é o processo educacional. Naquele contexto, deixa-se então de levar em consideração os alunos como seres concretos e reais, diferenciados entre si em seu modo de ser, a partir de suas experiências particulares de vida, com necessidades e anseios, com dificuldades e potencialidades diversas, para as quais o trabalho educacional deve ser voltado.

Refletir sobre o que o professor leva em consideração na realização de seu trabalho consiste em passo inicial para o planejamento educacional da escola e das suas diferentes turmas de alunos. Muitas vezes os professores se empenham bastante e se esforçam muito em seu trabalho, porém não alcançam resultados compatíveis com esse empenho, desperdiçando-o e frustrando-se, quando os pressupostos de suas ações não são claros e explicitamente direcionados para a consideração do aluno como pessoa. Na medida em que sua atenção deixa de ser orientada para esse foco, por mais que trabalhe, não será efetivo e sua prática corre o risco de assumir um caráter impessoal, burocrático e não efetivo, condições aliás férteis para a produção do desinteresse dos alunos com o processo de aprendizagem, que vem a resultar em casos de indisciplina.

É importante, portanto, que o professor preste atenção às ideias, concepções e pressupostos que tem orientado a sua atuação:

- Que elementos e aspectos são levados em consideração pelo professor no planejamento de suas aulas?

- O que leva em consideração sobre o aluno, para organizar seu trabalho com ele e para ele?

- O que entende por necessidades educacionais?

- Quais as necessidades educacionais mais evidentes dos alunos?

- Como o professor se prepara pessoalmente e que competências se esforça por desenvolver, a fim de poder atender a essas necessidades?

- Como incorpora as necessidades educacionais de seus alunos nas atividades de suas aulas?

- Em que medida as necessidades educacionais dos alunos no dia a dia da escola são objeto de reflexão dos professores em suas horas atividade/permanência?
- O que resulta dessas reflexões? Que mudanças são produzidas no seu trabalho a partir delas?
- De modo geral, como são as práticas de atendimento às necessidades educacionais dos alunos na escola?
- Que desafios as mesmas apresentam?
- De modo geral, como o professor, em seu trabalho, contempla o atendimento às necessidades educacionais dos alunos?

Estas são questões importantes para provocar a observação e reflexão sobre a questão no contexto escolar. O objetivo desse esforço é o de estimular um processo contínuo de revisão de práticas, visando a sua gradual melhoria em seus propósitos educacionais.

3 O significado de necessidades educacionais

Necessidades educacionais correspondem à diferença entre condições observadas na realidade e condições mais avançadas de desenvolvimento humano decorrentes de aprendizagem e formação. Essa diferença corresponde ao âmbito e desafio da ação educacional promotora da formação e aprendizagem dos alunos. O desconhecimento e a desconsideração dessas duas dimensões do trabalho educacional resultam em se trabalhar de modo aleatório em relação àquilo para que a educação se deva voltar: a formação do aluno e seu desenvolvimento pessoal. Consequentemente, pelo desenvolvimento da compreensão clara dessas necessidades e das implicações sobre as práticas necessárias ao seu atendimento em todas as dimensões e áreas do trabalho escolar, pode-se nortear a definição de políticas educacionais, do projeto político-pedagógico da escola e as ações da sala de aula, voltados à efetividade educacional.

Figura 2 Significado de necessidades educacionais

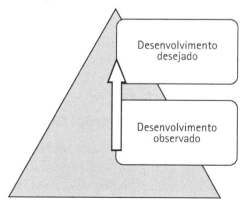

Fonte: Cedhap – Centro de Desenvolvimento Humano Aplicado

Destaca-se que pensar em necessidades educacionais representa pensar sob a perspectiva de desenvolvimento humano, assim como em ter como foco principal no processo educacional, tal como deve ser, o aluno, a cujo desenvolvimento cabe ao processo ensino-aprendizagem orientar, e ao programa de ensino organizar. A partir desse entendimento é necessário que se observe e se reflita sobre aspectos gerais e específicos do processo ensino-aprendizagem, questionando-se: em que medida essa consideração norteia a construção e implementação de programas de ensino? Como é garantido que tais diretrizes se expressem no cotidiano escolar? Como são mobilizados e capacitados os professores e gestores com relação à compreensão e atendimento às necessidades educacionais dos alunos?

4 A natureza das necessidades educacionais

Toda criança, jovem e adulto têm necessidades educacionais correspondentes ao estágio de desenvolvimento em que se encontre, bem como aos desafios culturais do seu contexto sócio-econômico-cultural e produtivo, tanto próximo como remoto. Essas necessidades variam, portanto, em decorrência da alteração dos desafios da vivência dessas pessoas, sua história pessoal e familiar e suas expectativas e perspectivas de vida. Por sua natureza psicossocial, portanto, essas necessidades podem se diferenciar de pessoa para pessoa, e até mesmo entre pessoas de uma mesma família. No entanto, é possível observar que todos apresentam algumas necessidades básicas comuns, naturais de todos os seres humanos, embora se expressem em intensidade diferente, conforme identificadas em inúmeros estudos da psicologia humana e social (e.g. ERICKSON, 1987; MASLOW, 1962; ROGERS, 1985, 1997).

Por conseguinte, a garantia da qualidade dos *processos* educacionais depende de que seus profissionais entendam as expressões das *necessidades* educacionais de seus alunos e lhes ofereçam *experiências* educacionais que possibilitem o seu atendimento. Por seu caráter desenvolvimentista, essas necessidades precisam ser compreendidas de forma abrangente, aberta, dinâmica e sensível, na perspectiva de um *continuum* evolutivo e em sentido de avanços subsequentes que são promovidas a partir da devida orientação baseada nessa compreensão.

Resulta que escola de qualidade é aquela onde se dá atendimento às necessidades educacionais básicas e comuns a todos os alunos, assim como às diferenciadas, de diversos grupos de alunos, bem como de alunos individualmente considerados em um mesmo grupo. Mediante esse atendimento, eles poderão desenvolver as competências pessoais necessárias ao enfrentamento dos desafios de sua vida, conforme compete à escola promover, enquanto aprendem com maior motivação.

Logo, os estabelecimentos de ensino bem-sucedidos na realização dos objetivos educacionais, orientando os alunos no processo de formação e aprendizagem, mantêm mapeadas, de um lado, as necessidades básicas de desenvolvimento que os alunos devem enfrentar e, de outro, as variações pessoais que ocorrem dentre os alunos, no enfrentamento dessas tarefas. Tem-se observado que as privações que o aluno sofre em relação a esse atendimento correspondem à criação de obstáculos para sua aprendizagem e desenvolvimento de competências humanas e sociais importantes (ABROMITIS, 2013; HANSEN, 2000).

Sabe-se que para os alunos oriundos de famílias e ambientes onde há precariedade sociocultural e de recursos o atendimento a suas necessidades de desenvolvimento, nesse contexto, também é precário, pois eles chegam à escola com grandes limitações a serem superadas pelo trabalho educacional. Quando a escola deixa de ter sensibilidade para essa problemática e culpa ou responsabiliza os alunos por essa circunstância, eles são duplamente penalizados, levando a culpa das condições de que são vítimas socioeducacionais. Para evitar essa situação, cabe à escola adotar princípios e diretrizes específicos para o atendimento das necessidades educacionais dessas crianças e jovens, orientando pedagogicamente os professores em sua observação e orientação efetivas.

> *Desempenho escolar insatisfatório dos alunos representa atendimento insatisfatório ou inadequado das necessidades educacionais dos alunos.*
>
> Abromitis

5 As necessidades educacionais básicas de todos os alunos

As necessidades educacionais assumem dois eixos: as condições biológicas, emocionais e sociais dos alunos, e as tarefas desenvolvimentistas que os alunos devem enfrentar e que demandam deles competências das mais variadas ordens. Faz parte dessas tarefas desenvolvimentistas, que se apresentam em níveis cada vez mais complexos, em cada nível de desenvolvimento, um conjunto de competências básicas, como por exemplo:

- Resolver problemas com que se defronta, com iniciativa e criatividade.

- Manipular, organizar, dar sentido às informações de fontes diversas e muitas vezes contraditórias e desencontradas.

- Analisar a realidade de forma crítica, observando os diversos ângulos e aspectos e interpretações possíveis.

- Atuar proativamente e com visão de futuro, de forma a superar dificuldades e limitações e aproveitar oportunidades de desenvolvimento pessoal.
- Trabalhar de forma colaborativa, mediante espírito de equipe e responsabilidade social.
- Dominar conhecimentos técnicos e de perspectiva humana e social necessários ao enfrentamento competente de desafios cotidianos das questões e atividades em que se envolver.
- Usar de forma produtiva os bens culturais e tecnológicos apresentados pela sociedade, aproveitando-os para melhorar sua qualidade de vida.
- Atuar de forma autônoma e comprometida, assumindo responsabilidade por suas ações e seu destino.
- Mobilizar seus talentos e recursos cognitivos diversos no enfrentamento de desafios e situações-problema.
- Enfrentar desafios com perspectiva de aprendizagem, desenvolvimento de competências pessoais e construção de conhecimentos.

Dominar essas competências vai além da interpretação restrita e operativa do domínio das capacidades de ler, escrever, falar, ouvir, calcular e domínio de conteúdos específicos, que as escolas propõem e às quais, muitas vezes, se dedicam em sentido restrito. Trata-se sim de dominar estas competências básicas e subjacentes a todas as demais, para instrumentalizar as competências anteriormente enumeradas, com as quais as pessoas enfrentam os desafios de vida em seu dia a dia, posicionando-se de forma positiva diante das situações vivenciadas. Daí por que a Unesco ter definido como pilares da educação de qualidade levar o aluno a saber aprender, saber fazer, saber conviver e saber ser (DELORS, 1996).

Portanto, necessidades educacionais se assentam sobre necessidades humanas e se mesclam com elas (MASLOW, 1962; ERICKSON, 1987), cujo atendimento é fundamental para o desenvolvimento pessoal e de competências dos alunos. Essas necessidades se constituem em:

i) necessidade fisiológica e de segurança;

ii) necessidade de pertencer;

iii) necessidade de ser estimado e valorizado;

iv) necessidade de ser bem-sucedido;

v) necessidade de ordem e bem-estar;

vi) necessidade de tomar decisões;

vii) necessidade de resolver problemas;

viii) necessidades de autorrealização.

Embora sejam comentadas separadamente, essas necessidades são, de fato, intimamente relacionadas entre si, de modo que, na realidade, se interpenetram e se complementam, sendo em alguns casos difusas as áreas de interligação entre uma e outra. Por exemplo, a necessidade de segurança, embora na base tenha sido estudada por Maslow (1962) em sua expressão física e material, é vista em seu componente psicológico e social, como muito forte na atualidade.

6 Necessidade fisiológica e de segurança

Na hierarquia das necessidades humanas, conforme estudo de Abraham Maslow (1962), o ser humano é motivado por necessidades cujo atendimento as eleva a necessidades mais complexas e abrangentes, como parte de seu desenvolvimento. Nesse conjunto de necessidades, a mais básica é a necessidade fisiológica e de segurança, crucial na primeira infância e na infância, mas importante durante toda a vida, atuando de forma subjacente. Toda pessoa necessita, dentre outras coisas, para o atendimento dessa necessidade, de ar puro e saudável, de alimentação adequada e nutritiva, e de abrigo seguro e livre de riscos, para poder evoluir e voltar-se para outras dimensões da escala de necessidades humanas, e envolver-se na busca de sua realização pessoal. Vale dizer que, muitas vezes, a apatia e o desinteresse por atividades que dizem respeito a necessidades superiores podem representar a falta de atendimento às necessidades em níveis mais baixo da escala.

Segundo a escala hierárquica de necessidades humanas proposta por Maslow, a necessidade fisiológica e de segurança é garantida por alimentação saudável, pelo apoio físico e material que protege o ser humano de adversidades e ameaças à sua sobrevivência e integridade física. Porém, do ponto de vista do desenvolvimento humano como ser social, o atendimento dessa necessidade envolve aspectos mais complexos.

Assim, do ponto de vista da educação infantil, a criança necessita, para seu desenvolvimento saudável, de estimulações visuais, sensoriais e psicomotoras, de modo que possa desenvolver-se tanto fisicamente como fisiologicamente e cognitivamente. Essas estimulações devem ser regulares, contínuas e variadas, para que seus efeitos sejam progressivos. Portanto, do ponto de vista educacional, faz parte do atendimento das necessidades da primeira infância e da infância, além do cuidado alimentar e de higiene, as atividades de desenvolvimento psicomotor, de estimulação da percepção do ambiente e seu significado, para aprender o que é seguro e o que não é. A segurança emocional, de caráter extremamente importante para a formação das crianças, é garantida pelo cuidado dos adultos com o tom de voz, gestos e expressão facial, e com as suas próprias emoções que dão colorido a estes aspectos.

Atende a essa necessidade fisiológica e de segurança o programa da merenda escolar, que absorve grande parte dos esforços de gestores educacionais e escolares, bem como do tempo dedicado à aprendizagem. O mesmo atende a necessidade de desenvolvimento fisiológico dos alunos e sua segurança alimentar. Além dele, é importante que o aluno desfrute de ambiente escolar bem arejado, livre de risco de se machucar e com temperatura agradável e saudável. Todos esses aspectos fazem parte dos fatores condicionantes à sustentação da aprendizagem e formação dos alunos.

Porém, a necessidade de segurança é também atendida pela qualidade do ambiente psicossocial, uma vez que descaso, ironia, irritação, menosprezo, agressões por palavras e atitudes enfraquecem ou até mesmo destroem tanto quanto ou mais do que agressões físicas. O abandono, o descuido, a omissão, as discriminações e favoritismos, as arbitrariedades, o tratamento impessoal e burocrático, o autoritarismo, a privação de atenção, podem funcionar como agressões aos alunos em qualquer idade, produzindo um sentimento de insegurança e provocando reações fisiológicas no organismo, capaz de causar doenças psicossomáticas, de origem emocional.

Verifica-se que muitas vezes essa falta de segurança é a condição natural em que muitas crianças vivem, cabendo à escola estar atenta para compensar os efeitos adversos do lar sobre a capacidade e predisposição dos alunos para aprender. Acrescente-se ainda o cuidado que se deve ter na escola para não replicar essas condições em seu ambiente, o que, no entanto, não é devidamente observado em muitos ambientes escolares, onde muitos alunos se sentem humilhados e perseguidos, seja por colegas, seja por adultos.

O *bullying*, que corresponde a comportamentos de molestação e provocação que ocorre entre colegas na escola, tem sido identificado pelos alunos como falta de garantia de segurança no interior da escola. Em pesquisa entre alunos que abandonam os estudos, essa condição foi apontada como a segunda causa mais importante para deixarem a escola, por se sentirem inseguros e ameaçados.

Cabe destacar que o sentimento de medo gerado pela insegurança, mesmo que de uma ameaça de natureza psicossocial, pode servir como inibidor da aprendizagem, e pode ainda pôr em risco não apenas o desenvolvimento normal de pessoas, mas até sua própria saúde e, eventualmente, sua vida, por criar condições de doenças psicossomáticas (de fundo emocional) até mesmo graves. Além, é claro, de servirem como inibidoras da aprendizagem.

Quadro 1 Questões para nortear o diagnóstico e a orientação do atendimento à necessidade educacional fisiológica e de segurança

• Que cuidados são tomados pela gestão da escola para garantir a segurança física e psicológica dos alunos no estabelecimento de ensino?
• Que cuidados são tomados pelo professor para garantir a segurança física e psicológica dos alunos na sala de aula?
• As carteiras escolares e móveis são bem preservados, livres de riscos e de imperfeições?
• O espaço é adequado para o número de alunos?
• O ambiente escolar e salas de aula são conservados limpos e arejados?
• O professor presta atenção continuamente ao comportamento de todos os alunos e a relação de uns com os outros, de maneira a prevenir atritos?
• O professor apresenta aos alunos orientações a respeito da manutenção, conservação e cuidado com o ambiente escolar?
• São feitas orientações a respeito da merenda escolar e o seu consumo de forma segura e adequada?
• O recreio é supervisionado e orientado por adultos?
• O ambiente escolar e o das salas de aula são livres de objetos inseguros e são bem arejados?
• Os gestores e professores prestam atenção, no cotidiano escolar, sobre comportamentos que possam afetar a segurança psicossocial dos alunos?
• Adota-se na escola e salas de aula a orientação para o respeito humano recíproco?
• Os professores cuidam de seu tom de voz, palavras, gestos e expressões fisionômicas de modo a expressar acolhimento, compreensão e estímulo positivo, e evitar expressões que possam representar ameaça psicológica para os alunos?
• Os alunos são orientados e observados continuamente para desenvolverem hábitos de comportamentos seguros?

7 Necessidade de pertencer

Uma vez garantida a necessidade fisiológica e de segurança, mediante ambiente seguro, organizado, estimulador e comportamentos equilibrados e respeitosos entre adultos e crianças, manifesta-se uma necessidade de natureza social, que corresponde à necessidade de pertencer, de sentir-se parte de um grupo. Ela constituiu uma necessidade típica do ser humano, como ser social, sem a qual não desenvolve sua identidade pessoal, que emerge no convívio e interação dinâmica com seus semelhantes.

A necessidade de pertencer é, pois, decorrente da natureza social do ser humano e fundamental para o seu desenvolvimento, uma vez que não pode se desenvolver como tal sozinho, à margem de grupos sociais e sem integrar-se neles. Sua aprendizagem se processa entre seres humanos, interagindo com eles e com eles compartilhando experiências, impressões e conhecimentos (PRIETO, s.d.).

De modo a pertencer a um grupo social, a pessoa observa os comportamentos e hábitos adotados nesse grupo, desde o modo de vestir, de falar e de agir de seus membros, e os imita, para ser acolhido e sentir-se parte do grupo. Por sua vez, sabe-se que todo grupo força a expressão de determinados comportamentos e coíbe outros, ajustando o comportamento de novos membros, a fim de que se equipare aos seus, ou excluindo aqueles que não lograr esse ajustamento.

Essa necessidade explica, por exemplo, por que as crianças, mas, sobretudo, os adolescentes, querem ter certos calçados, vestimentas e objetos "porque todo mundo da turma tem". Desejam identificar-se com o grupo, para poder pertencer a ele. Penteados, *piercings* e tatuagens passam, por exemplo, a serem sinais de pertencimento a um grupo diferenciado de pessoas, em vez de seus talentos e valores pessoais. Quando comportamentos exóticos e objetos que a pessoa ostenta são a porta de entrada e de acolhimento para pertencer a grupos, é porque os seus participantes não aprenderam a cultivar valores voltados para a realização humana, atendo-se a valores menores, que não agregam significados humanos autênticos, criando a cultura do ter e aparentar, em vez da cultura de ser e atuar, com foco no seu desenvolvimento como pessoa.

Para o atendimento dessa necessidade na escola e nas salas de aula é importante que sejam organizadas e oferecidas aos alunos atividades de grupo, em clubes de interesse, como esportes, teatro, canto, jogos intelectuais, nos quais irão desenvolver a sua identidade pessoal, habilidades de relacionamento interpessoal e comunicação, capacidade de atuação construtiva em equipe, dentre outras competências sociais, utilizando e desenvolvendo o seu potencial e identidade pessoal. É importante que os alunos sejam orientados não apenas em relação às habilidades técnicas e cognitivas específicas e necessárias em cada atividade, mas também no desenvolvimento de habilidades e atitudes sociais e de interação humana em grupos, como saber ouvir e interagir, dialogar, argumentar e construir pontos de vista, integrando e fazendo sentido a partir de ideias e informações compreendidas.

Ao entrar para a escola, o aluno passa a pertencer a um grupo diferenciado de pessoas, com objetivo de aprendizagem e formação humana e também passa a envolver-se colegiadamente em sua realização, participando de diversos subgrupos: o de sua turma, o de folguedos de recreio, o de projetos e jogos, e assim por diante. Como os comportamentos sociais são aprendidos, compete à escola cuidar para que nela como um todo, e em cada núcleo menor de participação, sejam promovidas as oportunidades e as orientações para que haja o desenvolvimento de valores elevados para nortear a dinâmica de grupos e a interação entre seus membros, segundo comportamentos condizentes à aprendizagem e ao desenvolvimento. Pertencer a uma escola com uma característica particular e diferenciada, sentir-se parte de uma organização que tem identidade própria, são condições que criam um sentimento de orgulho e satisfação muitíssimo importante, que contribuem para a construção da identidade pessoal do aluno, assim como estabelecem condicionamentos favoráveis à aprendizagem.

A frequência a uma escola em que se presta atenção a esses aspectos é, portanto, de grande importância para a formação das crianças, jovens e adolescentes, daí por que é importante sua frequência à escola. O mesmo acontece ao pertencer a uma determinada turma que cultiva características comuns elevadas, que tem sinais comuns de identificação desses valores (*slogans*, bandeira, logomarca, símbolo etc.) e reforço ao cultivo e expressão dos mesmos em seu comportamento. Verifica-se que essa necessidade é atendida na sociedade pela filiação a clubes de fãs, torcidas organizadas de futebol, que tanta energia drena em desatenção ao desenvolvimento dos múltiplos talentos humanos.

No entanto, nem sempre a escola e os professores estão atentos a essa questão. Por exemplo, observa-se muitas vezes haver em sala de aula um aluno isolado em sua turma e que "fica no seu canto sem incomodar". É muito provável que o mesmo não esteja aprendendo tanto quanto deveria e que até mesmo se sinta infeliz. Porém, como o aluno não perturba o bom andamento da aula, o professor não interfere na situação. Dar a atenção necessária a alunos isolados, para fazê-los sentir-se parte da turma como um todo, criando oportunidades para sua participação e interação com os colegas é uma importante responsabilidade do professor. De seu exercício depende a verificação da efetividade plena de seu trabalho.

Verifica-se que quanto mais rico e diverso é o conjunto de grupos e mais variadas são as experiências sociais vivenciadas nesses grupos, mais rica e consistente é a formação da pessoa que deles participa, pela diversidade de comportamentos que explora e de *feedback* que recebe. Do atendimento satisfatório dessa necessidade, emerge, então, a necessidade de autoestima, de autorreconhecimento de valor próprio, que se define a partir da observação dos efeitos de sua atuação nos grupos.

Organizar atividades em grupo e orientar a atuação de alunos, de forma a garantir a sua aprendizagem social, consiste, portanto, em elemento fundamental do processo educacional. O atendimento a essa necessidade é observado em vários países cuja educação é reconhecida internacionalmente como de qualidade, onde a formação de grupos de estudo e a aprendizagem de forma colegiada são uma prática regular e metodologia inerente ao processo educacional. Nesses sistemas, as salas de aula, e as carteiras dos alunos, são organizadas em formato que facilita, e até mesmo condiciona essa atividade e aproveita a dinâmica social dos alunos para a promoção da aprendizagem cooperativa, o que resulta no desenvolvimento pelos alunos de habilidades de comunicação e interação interpessoal, diminuição de situações de indisciplina, maior motivação no processo educacional e melhores resultados acadêmicos.

Quadro 2 Questões para nortear o diagnóstico e a orientação do atendimento à necessidade educacional de pertencer

• Que atividades são realizadas na escola como um todo e no desenvolvimento das aulas, para promover a socialização e interação organizada entre os alunos?
• Com que frequência essas atividades são realizadas? Quais seus objetivos e resultados?
• Como varia o comportamento dos alunos nessas atividades e quais as suas reações mais comuns?
• Que dificuldades os alunos apresentam nessas atividades e como são eles orientados a superá-las?
• Como é orientado o desenvolvimento de competências sociais dos alunos?
• Que cuidados são adotados para evitar o isolamento de alunos em relação a seus colegas?
• Que projetos a escola promove para oportunizar e orientar o desenvolvimento de habilidades de atuação em grupo, de espírito de equipe e sentimento de fazer parte integrante da escola e de sua turma?
• Como e com que frequência os professores promovem em cada uma de suas aulas atividades interativas entre os alunos?
• O que é feito em cada turma de alunos para desenvolver o sentido de unidade e identidade própria como um grupo especial, orientado por valores elevados?

8 Necessidade de ser estimado e valorizado

A necessidade de ser estimado e valorizado surge para além da de pertencer. Uma vez sendo acolhida pelo grupo, a pessoa deseja que o mesmo reconheça suas capacidades e suas qualidades, que aprecie e valorize suas características pessoais. Grupos saudáveis são aqueles em que há reconhecimento, atenção e expressão de estima recíproca entre os membros do seu círculo de relacionamento, manifestados pela solidariedade e pela aceitação da pessoa pelo que ela é, pela sua expressão pessoal e sua contribuição pelo seu modo de ser e de fazer. Essas condições são importantíssimas para que as pessoas desenvolvam autoconfiança, independência e autonomia, condições básicas para sua motivação ao esforço dedicado a estudar e aprender. Essa necessidade é que permite ao ser humano a socialização, o altruísmo, o desenvolvimento de identidade social, aspectos fundamentais para a autonomia, autoimagem positiva, desenvolvimento de competências e cidadania.

Tendo em vista as naturais diferenças individuais, nem todos os alunos fazem bem todas as coisas, mas alunos que não se saem bem em algumas atividades escolares podem se sair bem em outras. Em vista disso, é fundamental que essas atividades tenham diversidade, sejam criativas e inovadoras, de modo a oportunizar aos alunos experimentar seus talentos e identificar aqueles com os quais pode ter sucesso de modo a perceber seu valor pessoal e identificar aqueles aspectos em que podem ter sucesso, de modo a identificar pontos de apoio ao desenvolvimento de seu talento e aprendizagem.

Um exemplo desse cuidado pode ser observado no caso de uma professora que estava tendo dificuldade na alfabetização de um aluno, que já estava em situação de distorção idade-série, em decorrência de várias e subsequentes reprovações. Este aluno demonstrava estar totalmente desestimulado e apresentava grande dificuldade em aprender. A professora, no entanto, em vez de rotulá-lo como aluno com dificuldade de aprender, ela resolveu identificar algum talento que tivesse, a fim de elevar a sua autoestima, pois verificou que esta era muito baixa, e sabia que os fracassos subsequentes o rebaixariam mais ainda.

Em algumas conversas com o aluno, na hora do recreio, ficou sabendo que ele tinha o hábito de fazer pequenas esculturas em pedaços de madeira, que entalhava com um canivete. Pediu então para ver o seu trabalho e o achou muito bom, em vista do que, decidiu fazer uma pequena exposição na sala de aula, de algumas das peças produzidas. E o fez com muito cuidado para valorizar o trabalho. Trouxe uma mesa coberta com toalha, onde o trabalho foi exposto, sem identificação do aluno. Indicou que os alunos fariam uma redação sobre a representação da realidade como expressão artística. Apresentou fotos de outras peças de representação feitas em barro, estabelecendo algumas associações. Posteriormente, indicou o autor das peças e o aluno foi solicitado a explicar para seus colegas como fazia suas esculturas, de onde tirava as ideias, que cuidados técnicos adotava para representar as linhas que desejava, que habilidades usava, destacando o cuidado com a pressão que exercia com o canivete etc. Até mesmo fez uma pequena demonstração, deixando seus colegas admirados com suas habilidades.

Essa atividade mudou a relação daquele aluno com os colegas, e ele passou a se sentir valorizado e não mais um fracassado que não conseguia acompanhar a turma. Sua redação nesse dia foi especial, muito rica na representação de ideias e fatos. Como resultado ele começou a prestar mais atenção nas aulas, passou a interagir mais com os colegas e com a professora, em vez de ficar fechado em si mesmo. Finalmente, foi alfabetizado com sucesso e prosseguiu seus estudos.

Quando essa necessidade de ser estimado e valorizado não é atendida por grupos sociais construtivos e positivos, como devem ser os da educação, as crianças e os jovens buscam a atenção de grupos formados espontaneamente entre seus pares, fora da escola, algumas vezes com resultados não muito favoráveis, do ponto de vista educacional. Em grande parte, estes grupos são orientados por interesses imediatos e por valores de natureza hedonística e de passatempo, que, sem supervisão e sem orientação, podem derivar para atividades de efeitos negativos na formação dessas crianças e jovens.

Quando se filiam a grupos espontâneos e de rua, essas crianças e jovens realizam uma necessidade pessoal que, não sendo atendida e orientada pela escola, deixa de receber orientação positiva e equilibrada à socialização. Participando de grupos espontâneos de folguedo, de jogos e brinquedos espontâneos e realizados sem a devida supervisão e orientação dos adultos, ou até mesmo em gangues, onde se praticam antivalores, as crianças e jovens desenvolvem uma identidade pessoal nem sempre favorável ao seu desenvolvimento.

Portanto, o atendimento a esta necessidade envolve não apenas a realização frequente de trabalhos e atividades em grupo, como metodologia inerente ao trabalho educacional, mas sobretudo o cuidado com que os mesmos são promovidos, de modo a garantir o desenvolvimento de habilidades de atuação em grupo, como por exemplo saber ouvir, saber se comunicar, compartilhar, respeitar os colegas, valorizar a diversidade, reconhecer as contribuições feitas de modo a permitir a manifestação e a valorização de habilidades diferenciadas dos alunos. No contexto desse atendimento, faz parte da responsabilidade da escola realizar supervisão e orientação dos folguedos espontâneos dos alunos na hora do recreio, observando como se socializam, e orientando a forma como o fazem, de modo a não incorrerem em condições que possam resultar em constrangimento e embaraço prejudicial aos alunos.

Quadro 3 Questões para nortear o diagnóstico e a orientação do atendimento à necessidade educacional de ser aceito e estimado

• Como a escola promove um clima de confiança, interatividade e respeito proativo entre os seus profissionais e entre estes e os alunos?

• Como os professores promovem um clima de confiança e respeito entre si e os alunos?

• Em que medida estão atentos às necessidades dos alunos de serem estimados e valorizados?

• Que dificuldades observam a respeito e como orientam a sua superação?

• Como os professores orientam o respeito mútuo e a valorização de qualidades pessoais dos alunos?

• O que é feito na sala de aula e na escola para oportunizar a expressão de talentos diferenciados e valorizá-los?

• Que oportunidades são criadas no cotidiano das aulas, para que todos e cada aluno exponham entre seus colegas os seus talentos?

9 Necessidade de ser bem-sucedido

Pesquisas identificam que o sucesso é um extraordinário fator de estimulação e motivação ao esforço contínuo pela melhoria, enquanto que o insucesso desestimula essa aplicação, embora se possa aproveitá-lo para retirar lições importantes da situação em que ocorre, pela observação do que, no desempenho pessoal, poderia ser alterado, para obter melhores resultados. Por exemplo, estudos investigativos sobre o funcionamento de neurônios associados com a aprendizagem, identificaram que os mesmos se tornam mais sintonizados e ativos após uma experiência de sucesso, do que após uma experiência em que é experimentado o fracasso, desta forma condicionam novos sucessos (RETTNER, 2009). Por sua vez, resultados dos testes do Saeb – Sistema Nacional de Avaliação da Educação Básica – demonstram que os níveis de rendimento dos alunos reprovados caem significativamente, a cada ano subsequente de reprovação, como se a cada reprovação na mesma série o aluno fosse desaprendendo. Portanto, é verificado que o insucesso chama insucesso, em vez de a melhoria da aprendizagem (LÜCK & PARENTE, 2005).

Por outro lado, é necessário reconhecer que pequenos erros e falhas naturais ao processo de aprendizagem, quando não devidamente orientados, irão se acumular vindo a formar situações propícias ao insucesso. Em vista disso, cabe ao professor estar atento e acompanhar o desempenho de cada um dos seus alunos, de modo a dar-

GESTÃO DO PROCESSO DE APRENDIZAGEM PELO PROFESSOR

-lhes a devida orientação para que supere gradualmente suas pequenas dificuldades.

Quando o professor repreende e pune o aluno por um comportamento julgado inadequado antes, em vez de orientá-lo, cria constrangimento que encapsula a energia de aprender, em vez de liberá-la. A lógica punitiva e de repreensão é uma lógica reativa, que chama atenção para o negativo, criando imobilização, em vez de canalizá-la para o positivo e para a realização.

Cabe perceber a diferença entre dois tipos de intervenção ao comportamento da criança: de um lado a intervenção meramente reativa expressa por "não corra!" e "não grite!"; de outro a proativa expressa por "ande devagar" e "fale baixo". As primeiras proposições funcionam como repreensões e produzem constrangimentos, com a intenção de sustar um comportamento, enquanto que as segundas funcionam como orientação ao comportamento e liberam a energia na direção desejada. Intervenções como as primeiras atuam como imobilizadoras de energia, que irá explodir de alguma forma posteriormente e de forma inadequada, gerando um círculo vicioso de insucessos de comportamento que criam a identidade de criança rebelde, malcomportada, desajustada. Intervenções como as segundas apontam na direção de como agir, abrindo as portas para comportamentos positivos, que geram uma trilha de comportamentos positivos e bem-sucedidos.

A respeito, vale lembrar que, quando o professor afirma que vai "corrigir" trabalhos ou exercícios dos alunos, já está estabelecendo em sua lógica docente a busca do erro (fracasso), em vez de a construção e a lógica adotada pelo aluno para dar a sua resposta. Verifica-se que as avaliações da aprendizagem do aluno estão eivadas dessa lógica, não admirando, portanto, o medo registrado às práticas de avaliação na escola, a começar pelos professores que, em geral, reagem às iniciativas de avaliação de seu desempenho.

Segundo essas práticas, é verificado que a necessidade de ser bem-sucedido, de ver seu trabalho e sua atuação valorizados, estão longe de ser atendidos na escola, até mesmo em estabelecimentos de ensino considerados bons, onde os alunos apresentam bom rendimento escolar, mas são bem-sucedidos muito mais por se ajustarem às normas, regulamentos e lógicas escolares, do que por desenvolverem competências pessoais significativas, por superarem desafios e desenvolverem uma autoimagem positiva, em decorrência de trabalho educacional estimulante e inovador em que os alunos têm a oportunidade de experimentar novos desempenhos. É importante reconhecer que as notas altas e comentários genéricos como "excelente" e "ótimo" sem os comentários pelos quais o aluno perceba o que foi valorizado e o que poderia melhorar não lhe oferece necessariamente uma sensação de sucesso. Pode representar apenas um alívio por não correr o risco de "ficar pendurado".

Quadro 4 Questões para nortear o diagnóstico e a orientação do atendimento à necessidade educacional de ser bem-sucedido

• Como o professor observa e dá *feedback* aos alunos sobre seu desempenho nas aulas e exercícios diários?
• De que forma procura reconhecer as habilidades dos alunos e valorizá-las?
• Que experiências promove para que seus alunos experimentem e exercitem diferentes habilidades?
• Qual o nível de satisfação dos alunos com seu próprio trabalho escolar?
• Qual a perspectiva adotada pelo professor na avaliação da aprendizagem dos alunos?
• Que oportunidades são dadas aos alunos para sentirem-se capazes de obter sucesso em seus trabalhos escolares e demais atividades de desempenho na escola?
• Como a escola e os professores promovem a orientação para o sucesso dos alunos na escola como um todo?
• Como o sucesso dos alunos é celebrado na sala de aula e na escola?
• Que experiências são promovidas para além dos trabalhos da sala de aula, de modo a promover oportunidades de sucesso para os alunos?
• Os trabalhos dos alunos são expostos nos corredores da escola e nas salas de aula?
• Que lógica o discurso dos professores sustenta e expressa nas intervenções para influenciar a aprendizagem e formação dos seus alunos, e qual a efetividade dessa lógica?

10 Necessidade de ordem e bem-estar

A existência e manutenção de toda organização social, e sobretudo a prosperidade na realização de seus objetivos, demanda um determinado grau de ordem e de estabilidade, condição básica de sua existência e desenvolvimento. Essa condição não é diferente para pessoas que necessitam de estruturação, sequenciação lógica e articulação de elementos que fazem parte de seu contexto vivencial e influenciam a sua atuação. Sem uma estruturação básica, a organização e as pessoas ficam sujeitas à ação errática, à diversidade aleatória e sem foco, à desordem e até mesmo ao ambiente caótico, que pode cercear o seu desenvolvimento e efetividade.

Há dois tipos de ordem: a física e material do ambiente, e a social, as quais se interpretam na compreensão de seu significado. A ordem física e material ocorre mediante a organização, manutenção e capacidade de uso de espaço, móveis, materiais e objetos, que exercem um importante papel no condicionamento e aplicação da energia humana e em ajudar a concentrá-la no que é importante para a realização dos objetivos propostos. Ao mesmo tempo, constitui-se em condição que representa a existência de regulação de comportamentos e relações interpessoais (SOMMER, 1973; AVILA-PIRES, 1983).

A escola e a sala de aula se constituem em ambientes dedicados a orientar, estimular e facilitar a aprendizagem e a formação dos alunos, em vista do que a ordem e a organização devem ser estabelecidas, tendo como centro os valores educacionais e como fim os seus objetivos. Escolas e salas de aula efetivas são, portanto, aquelas cujo modo de se organizar, de ser e de fazer pauta-se por diretrizes e princípios que tenham como escopo facilitar e orientar a aprendizagem e formação dos alunos. Cabe-lhe, portanto, fornecer estrutura tanto física como social que permitam às pessoas cooperar mediante parâmetros de como comportar-se e do que esperar dos outros, tendo em vista objetivos comuns.

Na medida em que a escola, seus profissionais e as turmas de alunos não tenham clareza dos valores, princípios e diretrizes educacionais, assim como dos parâmetros de desempenho, tem-se em decorrência a possibilidade de as pessoas orientarem-se no contexto desse espaço de forma aleatória e não orientada para a aprendizagem e formação dos alunos.

A ordem social da escola, de vital importância para a qualidade do ensino, depende, portanto, de que seja feita continuamente a socialização dos seus participantes em relação a esses aspectos. Essa socialização funciona tanto para iniciar os novos membros ao ambiente e integrá-los ao modo de ser e de fazer condizente com os propósitos educacionais assim como para garantir que esses propósitos não sejam desvirtuados. Em vista disso, em escolas efetivas os seus gestores promovem atividades de iniciação e integração de novos alunos como um todo e os professores realizam esse mesmo processo na sua turma, informando a todos sobre os valores, princípios, diretrizes e objetivos educacionais adotados como orientadores de desempenho e a serem observados por todos, assim como os parâmetros de comportamento cuja expressão é esperada.

A ordem social é essencial para o bem-estar das pessoas que fazem parte de qualquer organização, assim como para a existência e manutenção dessa organização. Cultivando-se a ordem social, portanto, promove-se, ao mesmo tempo, o atendimento às necessidades de ordem e bem dos alunos e a da subsistência dos valores educacionais que dão sentido à escola e ao trabalho dos professores.

Destaca-se que o compartilhamento de valores entre os membros de um sistema social ou organização são essenciais no processo de socialização, uma vez que os mesmos se constituem em chave para explicar a sobrevivência de sistemas e organizações sociais. Portanto, os gestores escolares e os professores analisam os valores que praticam e a sua adequação em relação aos valores, princípios, diretrizes e objetivos educacionais, de maneira a orientar continuamente a ordem social como um conjunto integrado de valores, parâmetros de comportamento regularmente assumidos e praticados, tendo como foco o atendimento às necessidades educacionais dos alunos.

Ambientes agradáveis, limpos, organizados, seguros e produtivos são condições fundamentais para criar um estado de bem-estar imprescindível para o desenvolvimento dos alunos e a realização da sua formação e aprendizagem. Para além da ordem e organização física, faz parte desse ambiente a expressão de elevadas expectativas em relação à formação e aprendizagem dos alunos e o sucesso do trabalho educacional em promovê-los, associados à boa comunicação e relacionamento interpessoal, clima de confiança, entusiasmo, trabalho em equipe, comprometimento com resultados, método de trabalho, parâmetros de qualidade conhecidos, valores educacionais explícitos e manifestados na atuação dos profissionais da escola, assim como a orientação pelo sentido de missão do estabelecimento de ensino.

Esse ambiente, além de criar as condições de bem-estar e ordem, possibilita a redução de casos de perturbação à aprendizagem, indisciplina, *bullying*, confusão e balbúrdia que, por vezes, acometem algumas escolas e perturbam o sentido de direção, de alinhamento, de calma e motivação para a aprendizagem. A indisciplina escolar, da qual se reclama em muitas escolas, é resultado, em grande parte, da falta de observação por seus gestores e professores, das condições que devem promover para a orientação do desenvolvimento da disciplina pela canalização da energia dos alunos e focalização da sua atenção em processos interessantes de aprendizagem, marcados pela concentração mental na resolução de problemas.

Como seres sociais, as crianças e jovens se desenvolvem na medida em que convivem em ambientes sociais marcados pelo estabelecimento de rotinas saudáveis e estimulantes à sua aprendizagem e desenvolvimento pessoal. Esse ambiente prevê a regulação de comportamentos apropriados e a orientação para a sua expressão, assim como a integração entre os pares e os adultos, de forma equilibrada, a partir do compartilhamento dos mesmos valores e princípios sociais e educacionais. O arranjo regular e metódico que estabelece a integração dos componentes da organização educacional, a disposição adequada das condições materiais, psicológicas e socioeducacionais, a disciplina e regularidade de práticas educacionais estimulantes fazem parte do atendimento a necessidades dos alunos de toda e qualquer organização escolar.

GESTÃO DO PROCESSO DE APRENDIZAGEM PELO PROFESSOR

> Ordem é o resultado da organização de todos os elementos lógicos, psicológicos e materiais que influenciam e condicionam o desempenho de pessoas, individualmente e em grupo, para a efetivação de objetivos.

Quadro 5 Questões para nortear o diagnóstico e a orientação do atendimento à necessidade educacional de ordem e bem-estar

- Como é realizado na escola trabalho sistemático de organização e manutenção dos espaços e materiais necessários para a promoção da aprendizagem e formação dos alunos?
- De que forma as atividades dos alunos são organizadas e orientadas, de modo a atender às suas necessidades de ordem e bem-estar?
- A interação dos professores é amistosa e orientada por um sentido de unidade e compromisso comum com o sucesso dos alunos?
- A entrada dos alunos na escola e na sala de aula é orientada e ordeira?
- O recreio dos alunos é orientado e supervisionado por professores ou outro profissional da escola?
- Os professores ficam atentos aos casos de desvio da concentração na aprendizagem e reorientam a atenção dos alunos de forma efetiva e o bom rendimento de aprendizagem?
- Como é feita a orientação dos alunos a respeito da constituição e manutenção na escola de ambiente organizado, marcado por comportamentos seguros e de respeito mútuo?
- Cultiva-se entre os profissionais da escola o hábito de falar com os alunos em tom moderado, sem gritos e elevação do timbre de voz, tanto na sala de aula como no recreio e corredores da escola?

> • A escola e a sala de aula são mantidas organizadas e em ordem?
> • As paredes da escola e das salas de aula são limpas e nelas há quadros murais com orientações sobre hábitos e comportamentos úteis para o convívio escolar e o bom rendimento da aprendizagem?

11 Necessidade de tomar decisões

O ser humano é dotado de livre-arbítrio, que corresponde à capacidade de escolha entre o certo e o errado, o bem e o mal, conscientemente conhecidos. Portanto, livre-arbítrio se refere à realização de escolhas entre alternativas, a partir da consciência dos resultados da escolha feita. Não representa a liberdade de se fazer o que bem entende, mas a responsabilidade pelos próprios atos e suas consequências, levando em consideração a relação entre ações e seus resultados.

Embora todas as pessoas sejam dotadas de livre-arbítrio, fazer escolhas e tomar decisões é um ato que demanda formação apropriada e não se desenvolve naturalmente, pois demanda um conjunto de aspectos, como por exemplo reflexão sobre si mesmo, compreensão sobre situações envolvidas na decisão e previsão de possíveis resultados. Por exemplo, escolher entre o bem e o mal, o certo e o errado envolve um discernimento crítico e abrangente das coisas, uma capacidade de projeção das consequências dos próprios atos, uma autoavaliação crítica, além de conhecimento dinâmico e projetivo da realidade. O livre-arbítrio dota a pessoa de responsabilidade pelos seus atos e suas escolhas a partir das alternativas apresentadas, e depende em seu desenvolvimento de que a pessoa se posicione diante dos desafios que lhe são apresentados, em acordo com sua faixa etária, sendo capaz de analisar as consequências de seus atos e omissões.

Quando o aluno age porque tem medo de sanções e quando aprende a contorná-las, para evitar o mal-estar que elas causam, deixa de desenvolver competência de tomada de decisão consciente, que envolve o enfrentamento de situações e não a fuga às mesmas. E essa condição ocorre em sistemas de ensino e escolas cujas práticas escolares são centradas na nota e não na aprendizagem e formação dos alunos. Vem daí, possivelmente, a criação da cultura da "cola" e o interesse em tirar boa nota mesmo que a partir de ações de subterfúgios, de acobertamento e camuflagem, ou até mesmo fraudulentas. Ocorre em escolas onde se cumpre ordens porque o adulto está vigiando, como por exemplo em situações em que os alunos fazem balbúrdia no corredor até o momento em que no corredor aparece um adulto que temam.

Distorções desse tipo em relação aos propósitos educacionais ocorrem comumente em estabelecimentos de ensino. Em muitos deles verifica-se que fazem parte do teste feito pelos alunos à autoridade dos adultos, a qual, quando expressa de forma genuína, orientando e estabelecendo novos padrões de comportamento sem desqualificar o aluno, estes são respeitados e incorporados. No entanto, em outras escolas, fazem parte do seu cotidiano, onde os alunos deixam de ser devidamente socializados em relação aos valores educacionais (necessidade de ordem e bem-estar) e onde deixam de ser orientados a assumir responsabilidades por seus atos.

Para superar a possibilidade de que tais condições ocorram é fundamental à escola em geral e aos professores em especial atender a essa necessidade de assumir responsabilidade e tomar decisões, criando experiências de aprendizagem em que o aluno possa posicionar-se e escolher entre alternativas, a partir de seu julgamento sobre as consequências de suas escolhas, tanto do ponto de vista individual como social. Escolas em que ao aluno cabe apenas seguir normas e obedecê-las, muitas vezes até mesmo sem que as entendam, não só deixam de atender a essa necessidade, como até mesmo prejudicam o desenvolvimento de competências que são fundamentais na vida de todas as pessoas.

Tomar decisões envolve, portanto, escolha entre alternativas, consciência das implicações presentes e futuras subjacentes à escolha feita, responsabilidade e comprometimento com a sua efetivação, reflexão sobre a consequência de ações e comportamentos. Essa tomada de decisão é muito mais complexa do que a simples alternativa entre não fazer alguma coisa para evitar ser punido, ou fazer algo apenas para ganhar um prêmio, conforme comumente praticado nas escolas, situações em que, de fato, não existem alternativas de escolha. As alternativas existem quando há a oportunidade de fazer duas ou mais coisas que oferecem consequências de valor e sentido semelhante. Por exemplo, a decisão do aluno entre ajudar um colega que não costuma fazer seus exercícios, dando-lhe os seus para que os copie, ou ajudá-lo orientando-o e apoiando-o na realização desse trabalho.

Criar condições e ambiente em que o aluno possa assumir responsabilidades, tomar decisões, analisar seus atos e tomar decisões de modo informado e esclarecido é, portanto, condição fundamental para processos educacionais formadores. Essa prática precisa ser orientada, reforçada e celebrada.

Quadro 6 Questões para nortear o diagnóstico e a orientação do atendimento à necessidade educacional de tomar decisões

• Como é orientada a capacidade dos alunos de tomar decisões no contexto da escola e da sala de aula?
• Qual a capacidade dos alunos de tomar decisões?
• Que condições a escola e os professores criam para o desenvolvimento de capacidade de tomar decisões pelos alunos?
• Como são apresentadas diferentes alternativas aos alunos e como eles são orientados na avaliação do significado das mesmas e sua repercussão caso sejam escolhidas?
• Como os professores exploram as condições normais e cotidianas da escola para analisar perspectivas de tomada de decisão e o julgamento de suas consequências?
• Como os professores orientam seus alunos a refletir sobre suas ações e respectivos resultados?

12 Necessidade de resolver problemas

Numa realidade dinâmica, tal como a vivida em nossa atualidade, observa-se que a mesma é marcada de forma acentuada pela diversidade e a complexidade, pelas situações novas e diferentes, pelas tensões e conflitos, pela diversidade de informações e de elementos variados geradores de dúvidas, hesitações e ansiedades. Tais situações apresentam para o ser humano o constante desafio e instigação para resolver problemas. Este é, aliás, o sentido da vida, e este deve ser o sentido da educação.

Problemas são situações novas, dificuldades, obstáculos ou empecilhos à satisfação de necessidades humanas, que demandam a sua superação; eles são lugar-comum no cotidiano das pessoas e demandam a capacidade de resolvê-los, o que exige uma diversidade de competências, associadas a um entendimento adequado sobre a autonomia pessoal, isto é, sobre a capacidade de assumir responsabilidades. Resolver problemas se constitui, pois, em enfrentamento diário de todo ser humano, para o qual necessita desenvolver, desde a tenra idade, segundo as dificuldades e desafios que lhe são apresentados em cada etapa, e que se tornam cada vez mais complexos e, por si, demandam competências mais sofisticadas. Como obter alimento? Como obter a atenção dos adultos? Como conseguir colocar as peças de um quebra-cabeça? Como chegar de forma rápida e segura a um determinado lugar? Como me sair bem na escola? Por que problemas acontecem? Como evitar problemas desnecessários? Como fazer uso de oportunidades ambientais para a resolução de problemas? Qual o significado de minha vida?

Conforme se pode depreender pelas questões apresentadas, alguns problemas são simples e outros são mais complexos. Alguns são operacionais e outros são abstratos. Alguns são de realização imediata e outros são perenes, mudando apenas a circunstância da sua ocorrência. Todos eles são importantes na vida de uma pessoa e inerentes à sua existência e ao desenvolvimento de sua autonomia pessoal. Como resolver problemas de forma efetiva é, por conseguinte, um grande desafio de todo ser humano, e a qualidade de sua vida, assim como seu sucesso como pessoa, depende dessa capacidade.

Aprender a resolver problemas envolve um conjunto de situações e condições pedagógicas baseadas na problematização, isto é, na inquirição sobre a natureza das coisas apresentadas, sobre suas características e significações em seus aspectos diversos e contraditórios, suas repercussões em situações diversas dentre outros aspectos. Por exemplo:

i) Caso eu necessite de passar por um caminho estreito para ir a algum lugar e no meio dele há uma pedra, tenho um problema para resolver e essa resolução demanda uma análise da situação. Há condições para contornar a pedra, ou ela precisa ser afastada? Qual a vantagem de cada uma dessas soluções? Quanto esforço cada uma delas demandará? Tenho as condições físicas apropriadas para realizar os desafios apresentados? Quais as vantagens de uma ou de outra solução?

ii) Se devo fazer um trabalho escolar, necessito igualmente avaliar essa situação-problema: o(a) professor(a) apresentou todas as informações necessárias para a realização do trabalho? Compreendi todas as orientações? Necessito de orientações complementares? Tenho os conhecimentos e habilidades básicos para realizar esse trabalho? Tenho o material necessário para realizar o trabalho? Se não o tenho, onde

GESTÃO DO PROCESSO DE APRENDIZAGEM PELO PROFESSOR

posso obtê-lo? Quanto tempo a realização do trabalho demandará? Como organizar meu tempo, de modo que possa fazer o trabalho de forma competente e proveitosa? Como trabalhar de forma a desenvolver competências?

Pode-se verificar facilmente que resolver problemas implica analisar situações e tomar decisões que, quando realizadas de forma competente, promove possibilidades de ser bem-sucedido. Trata-se, pois, de uma necessidade complexa, como, aliás, todas as demais, anteriormente apresentadas. Daí por que ser preconizada para orientar o trabalho pedagógico do processo ensino-aprendizagem à pedagogia da problematização, pela promoção da aprendizagem baseada em problemas e questionamentos sucessivos para resolvê-los, pela qual os alunos são orientados a examinar problemas, analisar suas características e buscar alternativas para sua solução.

Essa pedagogia está associada à metodologia heurística, demonstrada desde Sócrates com seus alunos, e baseada na realização de perguntas abertas que suscitam a reflexão e a análise como condição para a construção de soluções. Ela deixa para traz a pedagogia da certeza, pela qual o professor apresenta respostas prontas a perguntas não feitas, uma característica comum das aulas expositivas em que o professor transmite conhecimentos, em vez de articulá-los com os alunos, tolhendo-lhes a participação e o raciocínio para a resolução de problemas (FREIRE, 1982). Mediante a pedagogia da problematização, promove-se o envolvimento ativo dos alunos na aprendizagem e o desenvolvimento de processos mentais, vinculados ao atendimento das suas necessidades educacionais. Pelo exercício de processos mentais diversos o aluno canaliza sua energia para a aprendizagem e desenvolve competências necessárias a aprender a aprender, que sustenta um sentimento de autorrealização.

Quadro 7 Questões para nortear o diagnóstico e a orientação do atendimento à necessidade educacional de resolver problemas

- Qual a natureza dos problemas que os alunos vivenciam em seu cotidiano familiar e escolar?
- Como estão enfrentando esses desafios?
- Que orientações recebem para compreender a natureza de seus problemas e tomar boas decisões?
- Como a escola e os professores interpretam esses problemas e os relacionam com as práticas educacionais?
- Que competências eles necessitam desenvolver para enfrentar esses desafios?
- De que forma os professores os orientam para o desenvolvimento das competências necessárias a esse enfrentamento?
- De que forma se organizam e que atividades promovem para o desenvolvimento dessas competências?
- Como a escola e os professores se organizam para orientar os alunos a resolver problemas?
- Como os professores trabalham em sala de aula a pedagogia da problematização?

13 Necessidade de autorrealização

Tendo por base a realização de todas as demais necessidades, emerge o atendimento a uma necessidade de grande importância para a motivação humana: a necessidade de autorrealização. Esta se refere ao sentir-se realizado como pessoa e representa o verdadeiro sentido de sucesso e de motivação humana. Trata-se de um sentimento de autossuficiência e de importância pessoal de caráter, que transcende aos resultados materiais obtidos pelas ações e desempenho. Trata-se de um bem-estar e alegria interiores, decorrentes de sentir-se uma pessoa plena, que utiliza bem o seu talento e suas competências, e de que é capaz de enfrentar com segurança, autodomínio e autoconfiança os desafios que se lhe apresentam.

Essa necessidade supera o fazer por fazer, o fazer para obter benefícios materiais ou extrínsecos, o fazer para agradar e obter reconhecimento, o fazer para cumprir tarefas, e atribui ao fazer um significado mais amplo de realização pessoal pela contribuição feita à melhoria e transformação no contexto em que atua. Por meio do seu atendimento, a pessoa orienta-se por tornar-se um ser humano melhor e mais competente, e explora as possibilidades de seu desenvolvimento humano. Ele sente essa autorrealização quando, ao terminar uma obra e contemplá-la, sente satisfação, independente do reconhecimento dos outros, pensando: "Fui eu quem fez". Esse sentimento é tanto maior quanto maiores forem os desafios enfrentados. Quando o aluno recebe uma avaliação justa ele é mais propenso a esse sentimento do que quando recebe uma nota ou comentários generosos sem o destaque e comentários sobre os fatos que o tornam merecedor dessas referências.

A autorrealizaçao está associada ao autoconhecimento, à autoconfiança, à criatividade, ao autocontrole, e à superação de sentimentos menores como a inveja, o ciúme, o egoísmo, a insegurança, o individualismo, o medo infundado. Estes e outros aspectos apontam para o cultivo de atitudes e hábitos orientados para a atualização de potencialidades pessoais. Essa necessidade representa sentimento de singularidade e de individuação, sem cair no individualismo; representa o desenvolvimento de capacidade de autossuficiência e importância pessoal pela realização de potencial pessoal, porém com responsabilidade social, tal como entendido sobre o conceito de autonomia, isto é, a capacidade de assumir responsabilidades.

Embora essa necessidade seja inerente ao ser humano e fundamental para o seu desenvolvimento, precisa ser aprendida e orientada, daí por que ser fundamental que professores e gestores escolares estejam atentos a essa aprendizagem e desenvolvimento, assim como à oferta de oportunidades pessoais de enfrentamento de desafios para os alunos.

Quadro 8 Questões para nortear o diagnóstico e a orientação do atendimento à necessidade educacional de autorrealização

• Como é promovido na escola o atendimento da necessidade de autorrealização dos alunos?
• Em que medida e de que forma o currículo escolar e a metodologia de ensino focalizam a autorrealização dos alunos como um objetivo educacional?
• Qual a interpretação e as providências adotadas pela escola e pelos professores em relação a alunos que não expressam a necessidade de autorrealização?
• Que cuidados são tomados para que o ambiente escolar seja propício ao desenvolvimento de atitudes e comportamentos relacionados à autorrealização?
• Como são dosados os desafios apresentados aos alunos, e de que forma eles são estimulados e orientados a enfrentá-los?
• Como são reconhecidas, valorizadas e oportunizadas as iniciativas e expressões criativas dos alunos?
• Que atenção é prestada pelos professores quanto ao desenvolvimento de atitudes e comportamentos relacionados à autorrealização pelos alunos?
• Como é acompanhada pelos professores a evolução do atendimento a essa necessidade dos alunos?

Como a gestão pedagógica tem por foco a formação e aprendizagem dos alunos e estes aspectos estão intimamente relacionados com as suas necessidades educacionais, o desenvolvimento de competências de gestão da aprendizagem envolve o entendimento e atendimento dessas necessidades educacionais, tanto as gerais e comuns a todos os alunos como as específicas a determinados alunos. Aos professores cabe incorporá-las em seus estudos e em suas reflexões com os colegas, em seu horário de permanência na escola, de modo a estabelecer na escola e em suas salas de aula a cultura do atendimento e orientação do aluno como pessoa.

Essa cultura se promove mediante a disseminação de conhecimentos gerais relacionados a essas necessidades como um todo, assim como o hábito de observação e reflexão das variações entre os alunos.

Palavras finais

A aprendizagem dos alunos é o foco do trabalho do professor, cuja efetividade depende de sua competência em promovê-la, que envolve múltiplos aspectos, dada a complexidade do processo de aprender, que se dá no interior dos alunos e sob a influência de suas emoções, percepções de mundo e experiência de vida, além de sua autopercepção. Observa-se que, para se preparar para o desempenho em sala de aula, via de regra o professor se dedica a organizar o ensino, em vez de organizar a aprendizagem. Esta ótica, de caráter limitado, toma como ponto de partida os conteúdos a serem ensinados, tendo como enfoque sua seleção e sua organização, que leva o professor a prestar atenção no que vai ensinar, e no que o aluno deve aprender, deixando de considerar o lado mais importante da moeda: aluno como pessoa e seu repertório pessoal.

Considerando que as experiências de aprendizagem, para serem efetivas, necessitam levar em consideração o aluno como ponto de partida e de chegada, e os conteúdos e métodos de orientação da aprendizagem como meios, cabe ao professor, ao organizar as suas aulas, refletir e levar em consideração questões pertinentes como: Quem é o aluno? Quais suas experiências de vida e escolares? Quais suas facilidades e dificuldades em aprender? Quais suas possibilidades e limitações em relação a níveis variados de complexidade? Quais os seus conhecimentos e competências a respeito do que vai ser ensinado? Qual a proximidade do objeto em que ele será envolvido a aprender, com a sua experiência de vida? Como explorar e estimular a motivação do aluno para que ele se envolva no processo de aprendizagem pretendido? O que ele já conhece diretamente ou indiretamente a respeito? Como o aluno reagirá diante da perspectiva de diferentes abordagens metodológicas de ensino? Muitas vezes, infelizmente, estas questões não são nem levadas em consideração pelo professor na organização de sua aula, quando adota a perspectiva de que o conteúdo é mais importante.

A aprendizagem é um processo contínuo de construção de significados, pelo qual informações e experiências são transformadas em conhecimentos, habilidades, atitudes e comportamentos (COBB, 2013). Esses conhecimentos, habilidades e atitudes exercem um papel estruturante e substancial na vida dos aprendizes, pois lhes aumentam o potencial para novas aprendizagens, assim como para usufruir dos bens os mais diversos disponíveis, alargar seus horizontes diante das possibilidades da vida e tirar mais e melhor proveito delas, contribuindo dessa forma para o seu desenvolvimento numa perspectiva de cidadania.

Aprendizagem é coisa séria, pois exerce um papel de fundamental importância na determinação do que uma pessoa faz na vida, do modo como emprega o seu tempo, do significado que abstrai de suas experiências, do aproveitamento que faz de seu potencial. A aprendizagem é condição natural do ser humano e parece que, em grande parte ocorre pelo esforço individual. Porém, observa-se que precisa ser orientada pelos adultos, de modo a garantir o desenvolvimento de competências necessárias para aprender a fazer e a aprender a conviver. A etologia, que estuda os hábitos de animais, demonstra como os elefantes se organizam para formarem uma "escola de elefantinhos", a fim de ensiná-los a usar sua tromba para obter alimentos, a comunicar-se, a socializar-se com seus coleguinhas e com o grupo e a defender-se diante de dificuldades, assim como a cooperar com os demais membros de sua manada. A socialização é um importante processo de aprendizagem de hábitos e costumes úteis não só para a convivência em grupos sociais, mas também como condição para a sua sobrevivência, pois todos os seres vivos necessitam uns dos outros para essa sobrevivência, para a constituição de sua personalidade e desenvolvimento de seu potencial.

Para além dessa aprendizagem em socialização, os seres humanos, porém, não só podem, como necessitam transformar-se em autodidatas, daí por que ser necessário que aprendam a aprender, e aprendam a ser, como um processo vital, isto é, imprescindível ao longo de toda a vida.

O dom da aprendizagem do ser humano é o seu maior bem, aquele que lhe permite compreender o mundo e compreender-se no mundo, e que lhe permite explorar ao máximo o seu potencial e transformá-lo em talentos os mais diversos, e no mais alto nível. É importante reconhecer que, apesar dessa possibilidade e necessidade de desenvolvimento contínuo, em geral, as pessoas pouco desenvolvem e utilizam o seu dom e potencial de aprender. A ciência identificou que o ser humano, em geral, não explorou ainda nada mais do que a superfície do seu potencial, desperdiçando essa riqueza maravilhosa a seu dispor. Muitas vezes se sente arrasado, subjugado, infeliz, impotente diante de problemas, tendo em vista sua visão limitada de si mesmo, e distorcida e inadequada de seu mundo. Essa situação deve-se em grande parte pela inadequação da educação que recebe, que, em vez de estimulá-lo a desabrochar, o leva a acorrentar-se em óticas limitadoras como a do certo e do errado, em vez de orientá-lo pela ótica da descoberta; a do possível e do impossível, em vez de a da construção e inovação, a da reprodução em vez de a da construção mediante a contribuição do próprio talento.

A aprendizagem tem um papel preponderante a serviço do desenvolvimento de competências, que permitem ao ser humano, desde a sua infância, conquistar a si mesmo pelo autocontrole e uso de seu potencial a serviço de seu desenvolvimento, e conquista de espaços de atuação e participação em seu entorno, como também a vislumbrar outros mundos e a participar deles.

Isso posto, cabe ao professor refletir sobre o que fazemos da aprendizagem nas escolas. Precisamos atentar para a mecanização e "enlatamento" que fazemos do objeto de aprendizagem, retirando dele a expressão da vida, da realidade e do seu natural colorido, transformando-o em coisas com valor em si mesmo ou de valor intermediário para fazer provas e "ganhar nota".

Portanto, dada a natureza e os múltiplos desdobramentos e dimensões do processo de aprendizagem dos alunos, o mesmo demanda do professor uma postura e competência de gestor, de modo que possa mobilizar e manter a atenção e a energia dos alunos focados em atividades dinâmicas de aprendizagem, nas quais não apenas adquirem conhecimentos específicos, mas sobretudo competências básicas para se tornarem cidadãos éticos, capazes de mobilizar e empregar suas competências de modo efetivo da construção de projetos de vida saudável e produtiva e na contribuição para a qualidade dos ambientes em que atua. E ao se dedicar a essas questões, que aprenda a aprender. Este, pois, o desafio do professor que, por certo, ao ser por ele assumido, o leva a continuamente desenvolver novas competências docentes e se realizar como pessoa e profissional.

Referências

ABROMITIS, B. (s.d.). *Using Maslow's hierarchy to understand student behavior problems* [Disponível em http://suite101.com/article/using-maslows-hierarchy-to-understand-student-behavior-problems-a237483 – Acesso em 30/05/2013].

ARANTES, V.A. (org.) et al. (2003). *Afetividades na escola*: alternativas teóricas e práticas. São Paulo: Summus.

AUSUBEL, D.P.; NOVAK, J.D. & HANESIAN, H. (1983). *Psicología Educativa*: un punto de vista cognoscitivo. México: Trillas.

AVILA-PIRES, F. (1983). *Princípios da ecologia humana*. Porto Alegre/Brasília: UFRGS/CNPq.

BLIN, J.-F. & GALLAIS-DEULOFEU (2005). *Classes difíceis* – Ferramentas para prevenir a administrar problemas escolares. Porto Alegre: Artmed.

CAPISTRO, J. (s.d.). *Methods for effective teaching and meeting the needs of a All students* [Disponível em http://www.ehow.com/info_7898671_methods-teaching-meeting-needs-students.html – Acesso em 30/05/2013].

CARNOY, M. (2009). *A vantagem acadêmica de Cuba*: por que seus alunos vão melhor na escola. São Paulo: Ediouro.

COBB, J. (s.d.). "A definition to learn". *Mission to learn*: know better, live better [Disponível em http://www.missiontolearn.com/2009/05/definition-of-learning/ – Acesso em 12/06/2013].

DELORS, J. (org.) (1996). *Educação*: um tesouro a descobrir. São Paulo: Cortez.

DURANT, W. (1962). *História da filosofia* – Vida e ideias dos grandes filósofos. 11. ed. São Paulo: Companhia Editora Nacional.

ERICKSON, E.H. (1987). *Juventude, identidade e crise*. Rio de Janeiro: Guanabara.

FREIRE, P. (1996). *Pedagogia da autonomia*: saberes necessários à prática educativa. São Paulo: Paz e Terra.

_____ (1982). *Pedagogia do oprimido*. Rio de Janeiro: Paz e Terra.

GRACINDO, R.V. & KENSKY, V.M. (2001). "Redes e educação: um recorte político". In: FRANCO, M.E. & MOROSINI, M.C. *Redes acadêmicas e produção do conhecimento em educação superior*. Brasília/Porto Alegre: Inep/Anpae/UFRGS.

HANSEN, R.E. (2000). "The role of experience in learning: giving meaning and authenticity to the learning process in schools". *Journal of Technology Education*, vol. 11, n. 2.

HARGREAVES, A. et al. (2002). *Aprendendo a mudar*: o ensino para além dos conteúdos e padronização. Porto Alegre: Artmed.

HOLANDA, T. (2012). *Cresce o número de famílias que tiram os filhos da escola para educá-los em casa*.

Belo Horizonte: Em.com.br [Disponível em http://www.em.com.br/app/noticia/especiais/educacao/2012/06/02/internas_educacao,297926/cresce-o-numero-de-familias-que-tiram-os-filhos-da-escola-para-educa-los-em-casa.shtm – Acesso em 20/02/2013].

ICSEI (2013). *Educational systems for school effectiveness and improvement*: exploring the alternatives. Santiago do Chile: Fundação Chile/Icsei.

INSTITUTO AYRTON SENNA (2013). *Programa SuperAção Jovem*. São Paulo: IAS.

LEBRET, L.-J. (1962). *Princípios para a ação*. 5. ed. São Paulo: Duas Cidades.

LEVIN, J. & NOLAN, J.F. (1996). *Classoroom management*. 2. ed. Boston: Allyn and Bacon.

LÜCK, H. (2013). *Diagnóstico do atendimento a necessidades educacionais dos alunos*. Belo Horizonte: Projecta Educacional [Série Programa de Gestão Educacional].

_____ (2012). *Liderança em gestão escolar*. 8. ed. Petrópolis: Vozes.

_____ (1992). *Perspectivas de orientação educacional na escola, a partir do trabalho do professor*. Curitiba: Cedhap.

LÜCK, H. & PARENTE, M. (2005). "A construção da competência e trajetória profissional de gestores e professores". *Revista Gestão em Rede*, n. 60, abr., p. 19-21.

MASLOW, A. (1962). *Introdução à psicologia do ser*. Rio de Janeiro: Eldorado.

MOREIRA, M.A. (1999). "A Teoria da Aprendizagem Significativa de Ausubel". *Teorias da Aprendizagem*. São Paulo: EPU, p. 151-165.

NAISBITT, J. & ABURDENE, P. (1990). *Megatrends 2000*. São Paulo: Amana Key.

OLIVEIRA, N.V. & GUEDES, P.M. (2010). "A aspiração das famílias por melhores escolas públicas". In: FUNDAÇÃO VICTOR CIVITA. *Estudos e Pesquisas Educacionais*, n. 1, p. 65-94.

PRIETO, D. (s.d.). *El autodiagnostico comunitário*. Quito: Centro Internacional de Estudios Superiores de Comunicación para America Latina.

RETTNER, R. (2009). "E learn more from success than failure". *Live Science*, ago. [Disponível em http://www.livescience.com/10559-learn-success-failure.html – Acesso em 12/06/2013].

ROGERS, B. (2008). *Gestão de relacionamento e comportamento em sala de aula*. 2. ed. Porto Alegre: Artmed.

ROGERS, C.R. (1997). *Tornar-se pessoa*. 5. ed. São Paulo: Martins Fontes.

_____ (1985). *Liberdade de aprender em nossa década*. Porto Alegre: Artes Médicas.

SOMMER, R. (1978). *Espaço pessoal*. São Paulo: EPU.

SOUZA, J.C.S. & SOUZA, E.A. (2009). "A importância da escola na formação do cidadão: algumas reflexões para o educador matemático". *P@rtes*, ago. [Disponível em http://www.partes.com.br/educacao/educador matematico.asp – Acesso em 21/04/2013].

UNESCO (1978). *Educação do futuro*. Amadora, Port.: Bertrand.

VERÍSSIMO, R. (2002). *Desenvolvimento psicossocial* – Erick Erickson. Porto: RV.

ZIMRING, F. (2010). *Carl Rogers*. Recife: Fundação Joaquim Nabuco/Massanguana [Coleção Educadores MEC].

Conecte-se conosco:

- **f** facebook.com/editoravozes
- **◉** @editoravozes
- **𝕏** @editora_vozes
- **▶** youtube.com/editoravozes
- **☎** +55 24 2233-9033

www.vozes.com.br

Conheça nossas lojas:

www.livrariavozes.com.br

Belo Horizonte – Brasília – Campinas – Cuiabá – Curitiba
Fortaleza – Juiz de Fora – Petrópolis – Recife – São Paulo

EDITORA VOZES LTDA.
Rua Frei Luís, 100 – Centro – Cep 25689-900 – Petrópolis, RJ
Tel.: (24) 2233-9000 – E-mail: vendas@vozes.com.br